P.-A. Michel

ANCIEN MAGISTRAT

R. P. LÉON

SUPÉRIEUR DU COLLÈGE SAINT-SAUVEUR DE REDON

P.-A. Michel

ANCIEN MAGISTRAT

RENNES

IMPRIMERIE FR. SIMON, SUCCESSEUR DE A. LE ROY

IMPRIMEUR BREVETÉ

1895

A Madame P.-A. Michel

A ses Enfants

*

Aux Anciens Membres du Comité
du Cercle Catholique
des Ouvriers de Saint-Malo

*

Aux Anciens Élèves du Collège
Saint-Sauveur de Redon

*

A la Jeunesse Catholique Française

INTRODUCTION

Miles Christi !

Au milieu des luttes sans cesse renouvelées de ce siècle qui finit comme le précédent dans la tourmente et l'inquiétude, il est nécessaire aux catholiques de méditer souvent la parole aimée de Mgr Freppel : « Dieu ne nous a pas ordonné de vaincre, mais de combattre. » La victoire en effet assurée, définitive, sans retour offensif de l'ennemi, nous ne l'aurons que dans un monde meilleur ; notre lot ici-bas, à nous, disciples du Crucifié, c'est la lutte acharnée avec ses angoisses, ses souffrances bien réelles, ses humiliations, ses défaites apparentes ; c'est la mort glorieuse, auréolée

au champ des martyrs, comme aux premiers siècles ;
dans l'isolement, la pauvreté, l'oubli comme aux jours
mauvais que nous traversons. Sans doute, pour soutenir leur courage, Dieu donne de temps à autre à
ses fils quelques victoires partielles de plus ou moins
d'importance, de plus ou moins de durée, mais il lui
plaît, l'histoire en fait preuve, d'exercer sans cesse
leur foi et leur amour par la persécution sourde ou
violente et par les succès souvent insolents de leurs
perpétuels adversaires : les ennemis de son saint Nom.

Le grand chrétien dont nous nous hasardons à
publier la vie, moins pour fixer son précieux souvenir
que pour offrir un modèle à tous ceux qui liront
ces pages, a été donné à notre pays comme un remarquable exemple de ces vérités.

M. P.-A. Michel a été un lutteur, il n'a pas été
un victorieux. Il a payé ses nobles audaces et ses
entreprises hardies de son repos, de sa place et de son
pain quotidien. Les yeux et le cœur en haut, il n'a
pas dévié d'une ligne, il n'a pas essayé le moindre
demi-tour, et c'est toujours en pleine poitrine qu'il
a reçu les coups meurtriers.

C'est dans l'exil de sa modeste villa de la Jouvençais qu'il est mort, à quelques pas du champ de bataille illustré par maints faits d'armes glorieux dans les annales religieuses de Saint-Malo, et c'est à peine si quelques amis ont conduit à sa dernière demeure celui qui aurait pu — s'inclinant vers les pouvoirs nouveaux — monter sur les sièges les plus élevés de la magistrature française et léguer à sa nombreuse famille une fortune et des carrières assurées.

Combien sans doute de ces honnêtes gens comme nous en possédons à foison, se sont dit qu'après tout M. Michel avait eu tort, que position oblige et qu'il aurait mieux fait de se tapir bien coi, sinon de s'humilier bien bas pour sauvegarder une situation déjà fort honorable et conquérir un avancement mérité.

L'héroïsme n'est guère à la mode, il faut en convenir, et si le saint cardinal Guibert avait raison de dire dans une heure de troubles populaires que « de nos jours on tient beaucoup à sa peau », nous pouvons ajouter qu'on tient encore plus à sa place et qu'on s'y cramponne parfois bien obstinément et bien servilement.

Les lâches silences et les basses adulations que peignit jadis avec tant de vigueur l'historien de l'empire romain se rencontrent en République et réclament un nouveau Tacite.

M. Michel pensa, lui, qu'étant baptisé, marqué au front du signe de la croix, il devait avant tout servir le Maître du ciel et qu'il ne devait au maître de la terre rien qui pût blesser sa foi ni entraver son zèle. Il crut avec fermeté que s'il devait rendre la sainte et austère Justice à ses concitoyens, il était encore plus étroitement obligé d'exercer à l'égard des hommes, des chrétiens ses frères, la miséricordieuse et divine Charité. On ne lui pardonna pas une pareille hauteur de vues.

Le dirons-nous? Nous avons entendu quelques-uns de ses amis s'en scandaliser. C'est que cet homme était un gêneur : sa vue seule encourageait au bien ou faisait naître le remords. Sa parole était toujours celle d'un exhortateur et d'un apôtre, qu'elle se fît entendre en public ou en particulier, au milieu des ouvriers de Saint-Malo, ou parmi les anciens cama- rades de Saint-Sauveur. M. Michel secouait brus-

quement les engourdis dans le bien-être et la bonne chère, il ouvrait de force les yeux des aveugles sur les questions religieuses et sociales, il animait sans relâche au travail, disons mieux, au combat, tous ceux qu'il croyait valides pour la grande cause de Dieu outragé par les sectaires, et de l'humanité trompée par les sophistes. Hélas! plusieurs s'en allaient en hochant la tête et en disant : Durus est hic sermo! Si nous l'écoutions, grand Dieu! que deviendrions-nous? quels troubles dans notre existence si paisible? » D'autres se tiraient de là en disant : « Rêveur ou politicien! »

Or personne n'était plus positif que M. Michel, on le verra par l'organisation de ses œuvres, et personne n'était moins politicien au sens étroit du mot. Sa politique à lui était celle de l'Église : La plus grande somme possible de liberté et de bien-être au citoyen de la terre, sans entraves dans l'exercice des droits imprescriptibles du citoyen du ciel. Certes il ne croyait guère à la sincérité du gouvernement athée et franc-maçon qui nous gouverne depuis vingt ans, mais s'il eût vu fonctionner régulièrement une République

*chrétienne ou tout au moins respectueuse du catholi-
cisme, je le crois sincèrement, il s'y fût rallié, puisque
rallié est le mot du jour, sans grand effort et sans
interminables regrets.*

*M. Michel eut donc à souffrir des dédains et des
fins de non-recevoir de quelques-uns de ceux qui auraient
dû lutter et crier avec lui : Sus à l'ennemi ! Son âme
était assez fortement trempée pour ne pas s'en émouvoir
outre mesure.*

*Lorsque dans un cas extrême un chef mène un
régiment au feu, perd-il son temps à compter les
traînards ou à courir après les fugitifs apeurés ?
Non, il fait face à l'ennemi et recherche avec la
poignée de braves qui le suit la victoire ou la mort.*

*La mort fut le lot de M. Michel, la mort lente et
triste, hors du terrain du combat, avec la douloureuse
vision de la bataille perdue et de l'avenir incertain !...*

*Oh ! vous qui avez tué M. Michel par vos cruels
et lâches procédés, vous qui avez battu des mains
quand vous l'avez vu brutalement jeté à bas de son
siège par la force maîtresse, vous qui avez peut-être,
à la nouvelle de sa mort prématurée, crié dans vos*

conciliabules : « Enfin, nous en sommes débarrassés tout de bon cette fois » ; vous vous êtes trompés. Non, il n'est pas mort, ce vaillant d'Israël, cet émule en bravoure et en vertu, sinon en gloire et en renom, des de Sonis, des Freppel, des Courbet et des de Mun ; insensés, cessez de croire à sa mort : hier il était claquemuré dans l'exil, hier vous pouviez le compter au rang des proscrits et des vaincus, mais aujourd'hui il vit et il triomphe, et le jour n'est pas loin où vous constaterez sa vie pleine d'immortalité et où vous applaudirez de gré ou de force à la félicité dont Dieu l'a comblé dans la patrie de l'éternelle justice.

Dès maintenant, par la permission de Dieu qui glorifie souvent les siens dès ici-bas, à nous, ses amis, ses admirateurs et ses anciens compagnons d'armes, M. Michel, mort, va parler encore, pour ainsi dire, par le souvenir de ses œuvres ; et toute l'ambition de ces pages est de prêter de nouveaux accents à cette voix ardente qui sonnait si nettement la charge et qui commandait si allègrement le combat. Defunctus adhuc loquitur.

Nous éprouvons à peine le besoin de nous excuser en offrant à un public ami un travail trop hâté et trop incomplet, notre mérite sera de nous être effacé de notre mieux pour mettre en pleine lumière les mémoires, la correspondance et les œuvres de M. Michel.

On nous a dit que nous n'avions pas trop mal atteint notre but et nous l'avons cru naïvement, tant nous aimons notre héros, tant nous aimons aussi Saint-Sauveur et ses élèves anciens et actuels et toute la vaillante Jeunesse catholique que nous avons voulu principalement édifier et fortifier par la publication de ce modeste ouvrage.

E. L.

Saint-Sauveur de Redon, le 15 août 1895, en la fête de l'Assomption de Notre-Dame.

CHAPITRE PREMIER

Sainte-Anne d'Auray et Saint-Sauveur de Redon

L'ENFANT ET L'ÉCOLIER

(1828-1847)

Paul-Alfred Michel naquit à Sainte-Anne d'Auray (Morbihan), le 2 novembre 1828. « Une naissance le jour des morts ! » s'écrie-t-il mélancoliquement dans les fragments de Mémoires qu'il nous a laissés et que nous citerons volontiers au cours de ce récit. Sa mère étant morte dès 1830, son père le confia à l'un de ses frères, receveur des Douanes au Croisic (Loire-Inférieure). Il y demeura jusqu'en 1835. Cet oncle avait promis de lui donner une brillante éducation, mais sa mort soudaine changea la destinée de son cher neveu. « Je ne regrette rien, assurait plus tard celui-ci, car je suis arrivé au bonheur, et qu'importe la voie qui y mène ! » Paul-Alfred avait près de huit ans quand il revint chez son père. Une sœur aînée dirigeait le ménage : il trouva en elle une véritable tendresse maternelle. Elle le perfectionna dans la lecture et lui apprit à écrire. Mlle Émilie Michel exerça surtout une salutaire influence sur le benjamin de la famille. Ame généreuse et toute remplie de piété, plus tard elle se fit religieuse de Saint-Vincent de Paul et, malgré son grand âge, elle est encore aujourd'hui Supérieure de l'hôpital de Talca (Chili). A dix ans, on mit le petit bonhomme, déjà vif et pétulant, au Séminaire de Sainte-Anne dont son père était le médecin. Ancien pilotin, ancien chirurgien de la marine, M. Laurent-Achille Michel (né à Lorient en 1785) avait conservé de ses voyages au long cours une certaine rudesse de manières dont on se souvient encore à Sainte-Anne, et dont ses enfants ressentirent les premiers les dures conséquences. Les trois années que Paul-Alfred passa à Sainte-Anne furent selon lui les plus malheureuses de sa vie d'enfant : « Habitué que j'étais, avant de devenir élève, à être traité en enfant gâté par les professeurs, je ne pus me résigner à me voir traiter plus sévèrement ; je résistai, ma résistance entraîna des châtiments qui m'aigrirent ; je vécus dès lors en hostilité avec la règle, avec les maîtres, même avec les élèves. Je vécus même une année d'une vie aventureuse à faire pâlir tous les romans de collège. Je laissais bien loin derrière moi Robinson et Gustave le mauvais sujet. Enfin, je réussis à me rendre insupportable, et je dus, à ma grande joie, quitter le Séminaire. C'était en 1842, au mois d'avril.

L'escapade finale qui détermina la séparation est restée légendaire. Pour échapper à je ne sais quelle punition, le petit espiègle se déroba à tous les regards et à toutes les recherches pendant un jour entier. L'inquiétude était grande au Séminaire, à la maison paternelle. Paul-Alfred, du haut d'un arbre, commodément assis, était le témoin très amusé des allées et venues dont il était l'objet. Il ne quitta son observatoire que le soir, pressé sans doute par la fraîcheur et la faim. Son père, irrité, le jeta dans une chambre dont il ferma les volets, et le laissa là trois semaines sans livres, ni papiers, ni plumes. Le Confesseur fut seul autorisé à parler au prisonnier, et c'est au sortir de cette réclusion sévère que Paul-Alfred fit sa première Communion. La piété de l'enfant était à la hauteur de la vivacité de son esprit, et, malgré ces antécédents déplorables, nous savons qu'il accomplit sérieusement cet acte si important de la vie chrétienne. Nous voyons du reste par une lettre de M. l'abbé Le Blanc, député du Morbihan en 1848, que du fond de la capitale et au milieu de ses graves occupations, l'ex-supérieur de Sainte-Anne n'oubliait pas son ancien élève, recherchait son adresse et demandait de ses nouvelles. Ce témoignage est précieux : il prouve amplement que si Paul-Alfred avait été un écolier encombrant pour l'ordre et la discipline, il n'avait jamais cessé d'être un bon et honnête garçon.

Cependant son père, le croyant incorrigible, avait résolu de l'embarquer, malgré la triste expérience faite précédemment sur un fils aîné, disparu au cours d'un voyage et dont on n'a plus jamais entendu parler. Mlle Émilie intercéda si bien en faveur de son pauvre étourdi que M. Michel se décida à écrire à la fois au Principal de Lorient, au Supérieur de Saint-Méen et aux Eudistes de Redon. « Si j'étais allé à Lorient, je serais probablement devenu pire... j'ignore ce qui serait arrivé, si j'étais allé à Saint-Méen, mais ma bonne étoile voulut qu'on choisît Redon. C'était une maison naissante où l'on ne recevait guère d'enfants sortis d'autres collèges, mais un des professeurs, le P. Talabardon, allié à ma famille, réussit à obtenir mon admission et j'y fus conduit au mois d'octobre 1842. »

P.-A. Michel a raconté dans le *Messager redonnais* ses premières impressions sur le collège de Redon : nous les rappellerons en les abrégeant :

« J'arrivais à Saint-Sauveur fort heureux... pour moi une vie nouvelle allait commencer. Le bon Père Talabardon me présenta au Supérieur. Le R. P. Gaudaire, en m'apercevant, m'examina par-dessus ses lunettes et me dit : « Ah ! c'est vous le mauvais sujet dont on m'a parlé ! Vous savez que vous êtes un élève auquel on ne tient pas ? C'est vous avertir qu'à la première incartade, ou même si vous avez habituellement des notes médiocres, vous serez renvoyé. Allez. » Cette réception polaire fut une des grandes grâces que Dieu m'ait faites. Je me le tins pour dit, et j'ai pu passer cinq ans à Saint-Sauveur, sans courir de grands dangers, sans graves punitions, et, après y avoir été fort heureux, en sortir assez honorablement.

« Ayant fait ailleurs deux années de cinquième, l'une pendant laquelle j'étais généralement le 23ᵉ sur 23, et l'autre où j'avais été le 25ᵉ sur 25, j'estimai néanmoins que l'une d'elles pouvait compter pour une quatrième, et j'entrai bravement en troisième, sous la férule directe du P. Gaudaire.

« La première composition fut en vers latins. Ma connaissance de la prosodie était vague : on m'avait dit seulement qu'il fallait à un hexamètre, six pieds composés de dactyles et de spondées. Je composai six vers en deux heures, et comme les dactyles se montraient rebelles, je les domptai en introduisant dix *que* dans mes six vers. Le soir même, le P. Gaudaire me précipitait en quatrième. »

La transformation de Paul-Alfred ne fut pas l'œuvre d'un jour ; il y eut encore des moments difficiles, des ripostes plus spirituelles que polies, et, plus d'une fois, le P. Talabardon entendit, en baissant la tête, le P. Gaudaire lui dire : « Votre protégé est loin de me donner satisfaction, je suis bien tenté de prendre contre lui une décision extrême. » Peu à peu, sous l'influence de la piété et, disons-le aussi, d'un régime nouveau pour lui, l'écolier s'améliora et se *désembourba*, pour employer

son expression. « On m'encourageait, on me traitait avec bienveillance, on ne m'injuriait pas, surtout on ne me frappait pas. Je me plus à ce
régime, et je commençai à étudier sérieusement.
Je ne tardai pas à reprendre des rangs; à la fin
de ma quatrième, j'eus un accessit; l'année suivante, trois prix, et dans les classes supérieures,
mes succès allèrent en augmentant. »

Au milieu de ses nombreux camarades, Paul-
Alfred rencontra un ami sincère qui devait mourir
jeune, novice de la Compagnie de Jésus, laissant
une véritable réputation de sainteté. Au Collège,
Auguste Le Doré (frère du R. P. A. Le Doré,
supérieur général actuel des Eudistes) était déjà,
comme Michel, une âme d'élite, une âme ardente
apte aux grands et saints combats pour le Christ et
pour la foi, mais la sève de l'adolescence entraînait de temps en temps l'un et l'autre à des tours,
à des farces de plus ou moins bon goût, qu'il
fallut plus d'une fois payer cher. Ces deux riches
natures étaient bien faites pour se comprendre.
Auguste Le Doré était déjà élève de Saint-Sauveur

quand Paul-Alfred y arriva. « A peine m'eut-il
entrevu, qu'il vint à moi, fut mon guide dans
cette maison où je ne connaissais personne et me
prit en amitié. Son affection pour moi fut payée
d'un juste retour. » Les maîtres s'inquiétèrent un
peu de cette amitié qui tendait à l'exclusivisme :
ils craignirent que le cœur si pur et si candide
de Le Doré ne vînt à se corrompre au contact
d'un jeune homme qu'on n'avait pas encore eu le
temps de connaître, mais dont les antécédents
autorisaient quelques soupçons; plus tard on connut
mieux les deux amis et on les laissa en paix.

Pendant les vacances de l'année 1844 (6 septembre) P.-A. Michel perdit son père et fut
confié à son oncle et tuteur, receveur municipal
à Lorient. M. Bouchant était excellent, mais
Paul-Alfred ne s'amusait guère chez cet homme
grave, laborieux, tout entier à ses devoirs. Heureusement des amis, et au premier rang le dévoué
P. Talabardon, organisaient de fréquentes et déli-
cieuses excursions dans le Finistère et le Morbihan. Le naturel joyeux et exubérant du collé-

gien y trouvait son compte, et c'était à qui le recevrait, tant il apportait partout chez ses hôtes de loyale gaieté et de joviale humeur.

Ces qualités même avec leurs excès ne lui manquaient pas au collège : il a narré à propos du P. Paignon, alors surveillant des grands, l'anecdote suivante qui nous peint au vif Auguste Le Doré et Paul-Alfred Michel :

« Le P. Paignon avait su que les grands se passaient de main en main un dessin à la plume, très bien fait, le représentant en dindon, avec sa tête bouclée et son rabat, et conduisant à la promenade une bande de jeunes dindonneaux[1]! Mais où était ce dessin? C'était là le *hic!* L'idée d'une fouille générale se présenta vite à son esprit, mais fut écartée; c'était trop vif et suscep-tible de faire disparaître le corps du délit. Mieux

(1) « Nous ne pensions pas alors que ce jeune Père serait un jour une forte tête de la Congrégation des Eudistes, qu'il en dirigerait les maisons principales, qu'à Saint-Sauveur même il serait le successeur immédiat du T. R. P. Gaudaire, et que longtemps nous entretiendrions avec lui les rapports les plus affectueux. » *Histoire Salvatorienne*, II.

valait recourir à un moyen plus méthodique. La question fut étudiée scientifiquement. D'où venait le dessin? On disait qu'il était dû à la plume d'Auguste Le Doré, et Auguste Le Doré en était bien capable! D'autre part, quels étaient les amis du dessinateur soupçonné? C'était surtout le n° 59, comme aurait dit le P. René Macé. Voilà le pupitre du n° 59 tout indiqué comme suspect! D'autres faits en désignèrent d'autres, et une battue intelligente eut lieu. L'instruction bien menée aboutit, et le dindon fut saisi précisément dans le pupitre du n° 59. Il a dû passer un vilain quart d'heure, ce pauvre volatile!

« Malheureusement avec l'oiseau furent saisies beaucoup d'œuvres qu'on ne cherchait pas, ce qui intéressait bien autrement le propriétaire du pupitre. Il y avait là des vers, des monceaux de vers; pas d'épopées, non, mais des drames, des ïambes, des satires, des pastorales, du classique, du romantique, de tout enfin! Il y avait surtout une tragédie de *Vindex* qu'on n'a jamais revue. Dieu! que j'aimerais à relire mon *Vindex* de 1845,

à cinquante ans de distance! L'art français n'a
jamais soupçonné la perte qu'il a pu faire... »

En 1845, le collège Saint-Sauveur allait avoir
une grave épreuve à traverser. Ses plus anciens
élèves devaient le quitter, astreints qu'ils étaient
à subir deux années d'études dans un collège
royal avant de prétendre au diplôme de bachelier.
Paul-Alfred Michel était déjà inscrit par son tuteur
au collège de Lorient pour la rentrée de 1845-
1846, lorsqu'une nouvelle inattendue vint remplir de joie le cœur des maîtres et des élèves.
Le roi Louis-Philippe, par décision gracieuse,
cédant aux instances et aux démarches du P. Gaudaire, malgré les plus hauts fonctionnaires de
l'Université, accordait le plein exercice au collège
de Redon qui sut s'en montrer digne dès la
première session des examens.

Le 30 juillet 1847, Paul-Alfred fit honneur
à son tour à l'établissement qui l'avait élevé et
fut reçu Bachelier ès Lettres avec les félicitations
du jury. Il revint triomphant avec son précieux
diplôme. « Quelques jours après, écrit-il, je pre-

nais congé de mes maîtres; je quittai ce cher
collège où j'avais reçu d'excellents principes de
religion et de morale, prêt à combattre le combat
de la vie. »

CHAPITRE II

Rennes et Lorient

L'ÉTUDIANT EN DROIT. — LE STAGIAIRE

(1847-1856)

Paul-Alfred Michel était déjà décidé à faire son droit en quittant les bancs du Collège. Aussitôt donc après les vacances, toujours si douces au cœur des nouveaux bacheliers, il se rendit à Rennes. « J'y pris avec ma première inscription possession de ma première liberté, et ces jours où je me trouvai maître de moi me semblèrent pleins de charmes. Je n'avais pas d'ailleurs une bourse assez bien garnie pour que la liberté

devînt pour moi un danger. » La première année
se passa à nouer et à dénouer des relations plus
ou moins agréables, plus ou moins heureusement
choisies, mais déjà Michel fit à Rennes la connaissance d'un autre étudiant en droit nommé
Édouard Morel et qui devait être un jour son
beau-frère. La seconde année, la sympathie
s'accentua entre les deux étudiants, et Morel, dont
le père était professeur de droit, introduisit son
jeune ami dans la maison paternelle. Les relations
avec tous les membres de cette excellente et très
honorable famille devinrent peu à peu de l'intimité. Paul-Alfred eut conscience qu'à ce foyer
chrétien Dieu avait attaché son bonheur. La
présence de Mlle Amélie Morel lui causait un
charme secret, et bientôt il entrevit la possibilité
d'une union voulue par la Providence, mais à
l'encontre de laquelle bien des obstacles devaient
s'amonceler pendant plusieurs années encore.
Paul-Alfred résolut de mettre tout en œuvre pour
mériter la main de cette jeune fille qui devait
être si parfaitement la digne compagne de sa vie.

Reçu avocat, et cherchant une occasion favorable pour s'ouvrir à la famille Morel, il entreprit de continuer ses études à Rennes et d'y préparer son doctorat, mais les mois se succédèrent, de graves événements politiques surgirent à l'horizon, le Coup d'État du 2 décembre éclata, et Michel devenu docteur en droit se vit dans la nécessité « de sacrifier son bonheur et ses espérances du moment pour tâcher de conquérir le bonheur de toute sa vie et préparer sérieusement son avenir. « Voulant essayer du métier d'avocat, il se dirigea sur Lorient, où la proscription impériale s'était abattue comme grêle.

« En arrivant dans cette ville, raconte-t-il lui-même, je trouvai le barreau en désarroi. Il ne restait plus que quelques vieux avocats ; les autres étaient à Jersey ou internés. Le moment était excellent pour débuter ! Mais hélas ! à Lorient comme partout, les procès s'en allaient. — Au bout de quelques mois, je vis bien que la profession d'avocat m'offrait peu de chances d'arriver vite, et pour la première fois, je songeai à la

magistrature. » Cette première année passée loin
de Rennes fut bien triste. Lorient, malgré ses
plaisirs et ses frivolités, ne charmait guère notre
jeune homme ; aussi lorsque au mois de septembre,
l'ami Édouard Morel lui écrivit que son père
l'engageait à venir passer quelque temps à sa
campagne, près de Saint-Malo, il ne se fit pas
prier et partit aussitôt. « Quand je me retrouvai
au milieu de ceux que j'aimais plus que mes
parents, je me sentis revivre. Quels plaisirs purs
n'ai-je pas goûtés à la Jouvençais, cette année et
les suivantes ! Je n'oublierai jamais ses sites, ses
hôtes qui sont aujourd'hui ma famille, ses
charmantes soirées de causeries ou de jeu au
presbytère. »

On jugera mieux encore par la strophe suivante
du ton auquel montaient les sentiments du stagiaire
lorientais lorsqu'il séjournait à la Jouvençais :

Me voici de retour, salut, douce retraite !
Je reviens à tes bois demander la fraîcheur,
A tes murs un abri pour mon âme inquiète
      Et du courage pour mon cœur.

Sur mon chemin pénible et monotone
    Dieu te plaça, belle oasis,
Après l'été brûlant, tu m'offres ton automne,
    Après l'enfer, le paradis !
L'homme accablé par des douleurs cuisantes
Aux thermes va baigner son corps flétri ;
Le mal cède bientôt aux ondes bienfaisantes
    Et l'on s'en va guéri !
De même pour mon cœur. Il languissait malade,
Sous le poids des ennuis, fils de l'isolement ;
Pour lui, champs ou soleil, ciel, mer, tout était fade,
Rien n'y réveillait plus un joyeux battement ;
Il va guérir ici, car c'est le lieu qu'il aime !
Ici tout est plaisir, paix, silence et bonheur,
    La solitude même
Est sans tristesse et sans douleur.

P.-A. Michel aimait les entretiens confidentiels avec Édouard Morel et ne lui cachait rien. Il lui dit donc que le barreau ne lui souriait décidément guère et lui parla de ses projets d'entrer dans la magistrature. Comme son ami ne rêvait rien autre chose pour lui-même, il l'engagea fortement dans cette voie. « Quand je quittai Édouard, en octobre, ma résolution était prise et ma vocation définitivement arrêtée. »

Michel n'était pas homme à laisser en plan
un projet bien déterminé. De retour à Lorient,
il écrivit aussitôt pour demander une place
de substitut à la Cour de Rennes, à Paris, au
Ministère de la justice. On ne lui répondit pas;
il se piqua d'honneur. « Je prendrai le plus long,
se dit-il, mais j'arriverai. » Il obtint du procureur
impérial de Lorient une place d'attaché au parquet; un an après (25 janvier 1854), il était
nommé juge suppléant. L'avenir s'éclairait enfin!
Après un nouveau voyage à Rennes et à la Jouvençais, il écrivait radieux : « Décidément mon
étoile se lève et chasse les brouillards! » La vie
n'en demeurait pas moins monotone et resserrée
chez le bon oncle de Lorient, malgré la présence
d'une sœur aimée (Mlle Zoé Michel), malgré de
joyeuses soirées passées à la Société philotech-
nique, malgré même un charmant voyage en
Suisse (été de 1855). Au tribunal, des difficultés
intérieures, des jalousies, des querelles entre les
magistrats debout et les magistrats assis n'augmentaient pas beaucoup les agréments de la situation;

aussi toutes les aspirations du nouveau juge se portaient vers l'avenir, tout son cœur était là-bas dans la chère famille Morel. Le spleen le gagna même durant quelque temps. Fatigué d'attendre de tous côtés, il devint morose et triste, son caractère se modifia, de la gaieté et du sans-souci, il passa à la mélancolie et à l'idée fixe. La Providence en laquelle Paul-Alfred ne cessa d'espérer vint à son aide en ces pénibles moments, et au cours des vacances passées comme de coutume à la Jouvençais, M. Morel, auquel il avait enfin osé faire sa demande, lui promit la main de sa fille Amélie pour le jour où il serait nommé substitut. Il fallut encore vingt mois de démarches pour obtenir le décret tant désiré; grâce à de puissantes interventions, il parut enfin le 12 juin 1856. Paul-Alfred Michel était nommé à Châteaulin. Le mariage était célébré deux mois plus tard, le 12 août 1856, à minuit, dans l'Église Saint-Germain de Rennes. L'officiant, un futur archiprêtre de Dol, M. l'abbé Brignon, prononça à cette occasion « un petit discours de fort bon goût ». Huit ou dix jours après, les nouveaux mariés se dirigeaient sur Châteaulin, où le jeune substitut avait déjà préparé des appartements convenables pour le nouveau ménage.

CHAPITRE III

Châteaulin et Quimper

LES DÉBUTS DANS LA MAGISTRATURE

(1856-1865)

MALGRÉ toute la joie que ma nomination m'avait donnée, je dois l'avouer, ce n'est pas dans une belle ville que j'ai été nommé ! Châteaulin est dans un charmant site, mais c'est un pays perdu, c'est une sous-préfecture, mais une sous-préfecture de 1 700 âmes ! où il n'y a aucunes ressources, où la société est impossible, où la vie est aussi chère que dans une grande ville, où les marchands peuvent voler tout à leur aise, où l'influence est toute entière dans une famille qui fournit à la fois, le maire, le conseiller général, le député, où il n'y a pas de police, où l'on parle inutilement le français, où l'intrigue et la calomnie jouent un grand rôle, où le cancanage grimpé perpétuellement de la cuisine au salon, où l'on ne peut sortir de chez soi les jours de foire, parce que la foire se tient dans les rues, où l'ivrognerie est invétérée, où il y aurait de quoi périr d'ennui si je n'avais mon intérieur qui me suffit amplement, mais je ferai mon possible pour en sortir à la première occasion. » Cette description humoristique, mais trop maussade de sa première résidence, n'empêcha pas M. Michel de se créer promptement des relations et de trouver en ville des familles « remplies d'attention pour sa femme ».

Une petite enfant, qui reçut au baptême le nom de Louise (juillet 1857) remplit d'une grande joie le cœur de M. Michel.

Nous détachons du cahier des poésies intimes quelques vers écrits pour le deuxième anniversaire de cette heureuse naissance :

A MA PETITE LOUISE.

Deux ans ! Bel âge d'or où fleurit l'innocence,
Où l'enfant sur la terre est comme un ange aux cieux,
Où tout est pureté, bonheur et confiance,
Où la joie est au front, et l'azur dans les yeux !
C'est ton âge, ma fille ! et quand je te contemple,
Mon cœur est pénétré de respect et d'amour,
De respect pour mon Dieu dont ton âme est le temple,
D'amour pour toi, pour celle à qui tu dois le jour.
Oh ! que je t'aime ainsi, mon enfant, ma Louise,
Avec tes cheveux blonds et ton regard si doux,
Avec ton teint plus frais que la fraîche cerise ;
Quand dans le jardinet tu t'ébats près de nous,
Que j'aime à te poursuivre au détour des allées,
A te voir tressaillir quand ma main te surprend,
A t'entendre pousser, en joyeuses volées,
Ton rire frais et pur comme ton cœur d'enfant.

Cette joie, si légitime et si douce de la paternité, avait redoublé pour M. Michel en 1859. « Un petit garçon nous est né, marque-t-il dans ses mémoires ; garçon et fille, choix de roi. Dieu aidant, nous en ferons un bon sujet. Il s'appellera Édouard-Paul-Alfred. » La grâce du Seigneur devait reposer sur ce nouveau-né, aujourd'hui prêtre et religieux : nous le retrouverons plus tard au cours de ce récit.

Les usages locaux de Châteaulin et des environs intéressaient beaucoup notre substitut, il aime à les consigner dans ses notes, avec une surprise naïve et une légère pointe d'humour ; mais nous ne pouvons nous attarder à ces détails. La visite de l'Empereur à Châteaulin, plusieurs voyages successifs à Quimper, à Vannes, à Lorient et surtout à Rennes, vinrent jeter quelque variété sur cette vie si paisible, si peu semée d'événements notables. Signalons seulement la vente de la maison paternelle à Sainte-Anne, car elle provoque cette réflexion qui témoigne d'une sensibilité pure et vraie : « Cette vente m'a chagriné, j'avais été assez malheureux dans cette maison, mais j'y avais aussi été bien aimé par ma sœur Émilie. »

Le jeune substitut ne s'oubliait pas : il avait toujours le plus vif désir de quitter Châteaulin, mais que de difficultés pour obtenir un peu d'avancement ! Voyages, lettres, sollicitations sans nombre, il l'avoue lui-même, il fallut tout mettre en œuvre. Le 23 février 1861, M. P.-A. Michel était envoyé à Quimper.

Les mémoires cessent ici subitement et ne seront jamais repris. Tous le regretteront avec nous. Reproduisons-en les dernières lignes ; elles sont tout à l'éloge de Quimper « petite ville, mais bonne ville ; collègues excellents au parquet, au siège aussi, sauf... — il y a toujours de malheureuses exceptions ! » Les premiers mois de séjour dans cette localité furent attristés par la perte profondément sentie d'un troisième enfant. Néanmoins cette résidence laissa jusqu'à la fin un excellent souvenir dans l'esprit de notre magistrat. Il y forma des amitiés durables : on en jugera par les notes suivantes, dues à l'obligeance d'un ami intime de M. Michel, esprit distingué, dont le nom est inscrit au Livre d'Or de la magistrature française. Ces lignes éclairent d'un jour très net une époque généralement peu connue de la vie de M. Michel. « A la tête du parquet de Quimper se trouvait alors l'excellent M. Derôme, qui, devenu président du Tribunal de Rennes, puis président de Chambre à la Cour d'appel, a eu, comme ses deux anciens substituts, l'honneur de figurer sur la liste des magistrats épurés. Le rapprochement de l'âge, une conformité parfaite de sentiments, de vues, de croyances, malgré la divergence des goûts et du caractère, avait promptement supprimé entre notre chef et nous la distance résultant de la différence des situations : nous vivions tous les trois dans l'intimité la plus complète. Après tant d'années, je me rappelle avec un charme inexprimable cette époque heureuse de ma vie où l'aménité de notre chef, la vivacité et l'esprit pétulant de mon collègue me rendaient si douces et si agréables les heures du parquet. J'entends encore le pas allègre de M. Derôme traversant l'antichambre, je le vois pénétrant dans la salle où nous travaillions, Michel et moi, arrivant souvent au milieu d'une discussion animée entre les deux substituts, donnant un tour de clef à la serrure, et nous disant joyeusement : « Nous voilà main-

tenant chez nous ! plus d'importun, discutons à
notre aise », et il se jetait dans la mêlée avec
bonheur et entrain. L'administration, la politique,
les questions religieuses (c'était au moment du
Syllabus), la littérature faisaient les frais de ces
conversations toutes les fois que le permettait le
travail du Parquet, et le temps fuyait avec une
rapidité qui nous surprenait. Nous plaisantions
Michel au sujet de son admiration pour les théories du grand Pithou et du Procureur général
Dupin pour lesquels il professait un enthousiasme
que nous étions loin de partager. Mgr Sergent,
qui avait maintes fois surpris l'expression de cet
enthousiasme, s'amusait toujours, quand il nous
réunissait à sa table, à exciter (ce qui n'était pas
difficile) la verve du substitut libéral en mettant
la conversation sur le terrain des grandes libertés
gallicanes et des vertus des deux grands hommes
de bien ci-dessus désignés. Michel a parcouru
depuis le chemin de Damas, et l'on sait avec
quel entrain le Président du Tribunal de Saint-
Malo et probablement même le chef du Parquet

de Vitré a jeté au panier les admirations que le substitut de Quimper professait pour ces deux jurisconsultes.

Nous croyons devoir interrompre ici l'intéressant narrateur pour régler cette importante question du libéralisme de M. Michel. Sensiblement en baisse dans son esprit sous l'influence progressive de l'évêque de Quimper, ces tendances regrettables se firent encore jour à Vitré. Leur origine remontait aux études de droit : elles durèrent jusqu'au moment où M. Michel, éclairé par les rudes leçons de la guerre et de la commune, se lança décidément dans les œuvres de régénération sociale. Le catholicisme pur, sans épithète, lui apparut alors comme seul capable de donner des résultats féconds, et il l'embrassa tout entier, dogmes et pratiques. Auparavant, M. Michel était un libéral en théorie et se contentait dans la pratique d'une fréquentation régulière, mais relativement espacée, des sacrements de Pénitence et d'Eucharistie.

Revenons au récit de son collègue :

« Que dire de sa vie familiale ? Renfermé dans le cercle domestique, il n'en sortait que pour se joindre à nous et pour prendre part de temps en temps aux séances hebdomadaires du loto déjà légendaire de la baronne Richard, femme du préfet du Finistère, où sans rien coûter à l'indépendance de ses opinions, ses saillies spirituelles jointes à une bonne dose de causticité le faisaient accueillir avec empressement par un préfet fort appréciateur de son genre d'esprit. Une prodigieuse facilité de travail et d'assimilation, une grande dextérité dans le règlement des difficultés de tout genre rendaient sa collaboration inappréciable à son chef; mais c'était surtout à la Cour d'assises qu'apparaissaient et se déployaient les rares qualités de son esprit si vif et si loyal. Là il se trouvait vraiment dans son élément. Magistrat né pour la lutte, discernant clairement la vérité, l'aimant passionnément et pénétré de la grandeur de sa fonction, il trouvait toujours l'argument décisif et le développait avec une lucidité et un entraînement qui ne manquaient jamais de pro-

duire une forte impression. Il apportait sans
doute dans ces luttes oratoires la vivacité et l'ardeur de son tempérament, mais les membres du
barreau dont il combattait les théories avec le plus
d'énergie ne pouvaient s'empêcher de rendre le
plus complet hommage à la droiture de l'argu-
mentation aussi bien qu'à l'éloquence de leur
redoutable adversaire. Cet homme était bien le
magistrat honnête homme, le vrai défenseur de la
morale publique et de la société, puisant dans
sa conscience et dans l'intégrité de sa vie, plus
encore que dans la fonction, sa force et son
autorité. »

Ce tableau discret et fidèle nous montre que
M. Michel — déjà âgé de trente-six ans — était
mûr pour prendre la direction d'un parquet. Le
gouvernement impérial lui confia celui de Vitré,
le 21 octobre 1865 : le transportant ainsi d'une
extrémité à l'autre de la Bretagne.

CHAPITRE IV

Vitré

LES DÉBUTS DANS LA VIE POLITIQUE

(1865-1870)

Avec l'autorité première, les affaires épineuses et les lourdes responsabilités tombèrent sur les épaules de M. Michel. L'ère des luttes allait aussi commencer pour lui sur le terrain politique ; sans doute il aurait pu fuir ce terrain glissant et dangereux et se renfermer strictement dans l'exercice de ses devoirs professionnels. Il semble l'avoir essayé d'abord. Trouvant à Vitré une société entièrement divisée en deux camps rivaux,

M. Michel voulut entretenir avec tous des rapports de politesse. Il comprit vite qu'il allait par cette méthode s'aliéner tout le monde. Examinant donc la situation, il rejeta dès le début les ouvertures que lui faisait le parti anticlérical dirigé par le maire, M. de la Plesse, et se donna tout entier avec l'instinct de combativité qui se développait en lui à M. A. de la Borderie, chef de fait, sinon de titre, du parti dévoué à la religion et aux intérêts locaux. Bien qu'il n'entre pas dans notre plan de nous étendre sur les événements qui suivirent cette attitude, nous regrettons vivement l'absence des notes promises par le meilleur et le plus autorisé des témoins de cette phase de la vie de M. Michel. Nous suppléerons de notre mieux à cette fâcheuse lacune.

En 1867, un accident eut lieu sur la voie ferrée de Fougères à Vitré. Les administrateurs n'avaient pas attendu pour exploiter cette partie du réseau le décret officiel d'ouverture de la ligne. Le Procureur, sans regarder qui était à la tête de la Compagnie, crut de son devoir d'établir par une enquête minutieuse les responsabilités dans ce fâcheux accident, qui avait occasionné plusieurs blessures graves. Il espérait donner ainsi satisfaction à la justice et au public. Le Procureur général, le Ministre de la justice, l'Empereur lui-même intervinrent pour faire échapper le puissant directeur aux rigueurs du Code, et M. Michel dut rendre une ordonnance de non-lieu. Cette solution, si peu conforme à son esprit d'équité, lui coûta beaucoup : il s'y résigna; il n'y avait pas d'autre résistance possible que de donner sa démission, il n'y pouvait raisonnablement songer.

Deux ans plus tard, en 1869, M. Michel retrouvait ce puissant personnage sur le terrain électoral et s'efforçait vainement de lui barrer le passage. M. de Dalmas avait pour lui une fortune notable, une situation antérieure de choix auprès de la personne de l'Empereur et l'appui certain de sa ville natale, Fougères, qui votait alors avec Vitré, et l'emportait nécessairement par le nombre de ses électeurs. Le gouvernement ne se prononçait pas très carrément; toutefois, M. Thil était au fond son candidat préféré; religieux, défenseur de Vitré, il sut s'attirer l'appui du Tribunal et de la Préfecture. M. Michel travailla rudement en sa faveur et de jour et de nuit, malgré les policiers apostés par le Maire pour épier ses moindres démarches. On se demandera peut-être si le Procureur ne gardait pas un peu rancune à M. de Dalmas au sujet de l'affaire du chemin de fer. Nous savons pertinemment que M. Michel, en attaquant un homme dont il avait antérieurement reçu quelque appui, agissait par des motifs supérieurs. En effet, M. de Dalmas, en 1861 et en 1865, avait émis des votes hostiles au Saint-Siège, et il était soutenu à Fougères, par un journaliste qui avait parlé du clergé français et de l'expédition romaine en termes absolument orduriers, et à Vitré, par un ardent propagateur de la fameuse ligue d'enseignement athée du triste F∴ J. Macé.

Les détails de la lutte qui précéda le triomphe de l'ancien sous-chef du cabinet de l'Empereur ne sauraient trouver place dans ce volume; mais

il n'en est pas de même des lignes suivantes.
Après avoir expliqué aux lecteurs du *Journal de
Vitré* les motifs de sa conduite dans cette ardente
campagne, M. Michel ajoutait : « La lutte était
engagée entre deux candidats : dynastiques tous
deux, libéraux tous deux. A ce point de vue,
nous pouvions choisir sans blesser ni les amis du
gouvernement, ni les amis de la liberté. Restait
un troisième point. Lequel des deux était le plus
sûr représentant des idées religieuses ? Nous n'en
pouvions juger que par les professions de foi, et
on nous rendra cette justice de convenir que celle
de M. Thil était bien plus explicite que celle de
M. de Dalmas. Forcé d'opter entre les deux candidats, nous avons incliné vers le plus catholique
par ses affirmations et par ses amis... Du moins,
nous aurons la joie d'avoir suivi les inspirations de
notre conscience, et, Dieu merci, nous ne sommes
pas à apprendre qu'on ne doit pas marchander
avec ses convictions. »

La joie des adversaires de M. Michel fut
bruyante et lui-même aimait à raconter que la lie

du peuple, soudoyée par le maire de Vitré, courait partout sur son passage et criait à tue-tête :
« Que fait Thil? — Où est Thil? — Que devient
Thil? » Ces quolibets de goût douteux le préoccupaient moins que les appréciations de ses chefs.
Dans les hautes sphères de la justice, les avis
étaient partagés : plusieurs parlaient d'envoyer le
Procureur trop clérical et trop zélé en disgrâce
à Uzès, mais par bonheur le Procureur général
Bardou refusa de s'associer à cette iniquité et
obtint du Ministre le poste de Saint-Malo, bel
avancement très désiré et justement mérité. Nous
sommes arrivés à la plus brillante et à la plus
féconde étape dans la vie de notre magistrat chrétien. Jusqu'ici nous avons été dans l'ombre et la
préparation, nous voici en pleine lumière, en
vigoureuse maturité.

CHAPITRE V

Saint-Malo

LE PROCUREUR — L'ÉCRIVAIN

(1870-1874)

Vitré « cette résidence de la Discorde » ne laissait sans doute à M. Michel que de très tièdes regrets, Saint-Malo lui apparaissait naturellement comme un séjour plus enviable, mais s'il avait eu la prescience de tous les événements qui devaient se passer durant ces quinze années, s'il avait pu prévoir les difficultés sans nombre auxquelles il aurait à se heurter, les vengeances haineuses auxquelles il finirait par succomber, je ne sais si le cœur ne lui eût pas manqué.

Voici comment il s'exprimait en prenant possession de son siège : « Messieurs, tout m'attirait vers vous. La ville de Saint-Malo, par le prestige de sa situation, par les souvenirs de son glorieux passé, par le caractère loyal de sa population, exerce une attraction facile à comprendre. Quand j'aurai dit que des intérêts personnels, que de précieux liens d'affection[1] viennent s'ajouter à ces raisons générales.... j'aurai suffisamment expliqué les sentiments de joie qui me pénètrent au moment où je prends possession de ce siège. » Vient ensuite l'éloge des magistrats malouins, j'y relève cette phrase quasi prophétique : « En assistant à vos audiences, j'apprendrai comment on préside avec dignité, et comment on juge avec impartialité. Et si jamais la dangereuse faveur de présider un tribunal comme le vôtre m'était accordée, au milieu des inquiétudes causées par l'insuffi-

(1) Les familles Houitte de la Chesnais, de Fourcroy, de Boishamon, alliées ou parentes aux Michel, habitaient Saint-Malo et possédaient à la Gouesnière leurs maisons de campagne.

sance de mes forces, j'aurais du moins la consolation de penser que j'ai eu sous les yeux les meilleurs modèles. »

Malgré cet enthousiasme bien explicable, les débuts du procureur de Saint-Malo ne furent ni reposants, ni gais. Quelques mois après son arrivée, la guerre franco-allemande sévissait comme une affreuse tempête, l'Empire sombrait dans un effroyable cataclysme et les discussions civiles naissaient de toutes parts. Où s'orienter ! Que dire ? Que faire ? M. Michel n'hésite pas un instant. Sentinelle vigilante entre la France et l'Angleterre, il a les yeux toujours ouverts ; il contrôle minutieusement les arrivées et les départs. Son âme est toute peuplée de tristesse et de honte, mais il demeure ferme à son poste, et s'efforce dans cette horrible confusion des hommes et des choses de conserver à la justice toute sa force et à la loi tout son prestige. Le monde honnête l'applaudit et l'admire, mais les fauteurs de désordre, et tous ceux qui aiment à pêcher en eau trouble deviennent d'irréconciliables ennemis.

En 1871, au lendemain d'un magnifique discours prononcé dans une solennité judiciaire, il a
la consolation de recevoir des lettres de ses amis
et de ses anciens chefs qui ne lui ménagent pas
les compliments.

« Vous avez parlé très fortement et très
noblement, lui assure l'un; je vous ai retrouvé
là tel que vous êtes et tel que je vous ai connu,
vous savez unir l'honnêteté au courage, et que
cette alliance est rare! » — « Je viens vous
remercier, lui écrit un autre, de votre beau discours, j'ajoute de votre bon discours, chose peu
facile dans les temps troublés où nous sommes.
Je vous félicite de tout mon cœur de la sagesse,
de l'élévation et de la dignité de votre langage. »

Le poste de Saint-Malo était véritablement un
poste de combat. Éclairé par les lumières d'une
conscience droite et sûre, soutenu par les encouragements du vénéré président Houitte de la
Chesnais, son oncle et souvent son conseil, Michel
ne perdit pas pied. Il attaqua d'estoc et de taille
tous ceux qui semaient le désordre ou affichaient

l'impiété. L'effort l'épuisait parfois, et rentré chez lui, en considérant sa famille devenue nombreuse, il se prenait à désirer une situation où il fût plus tranquille, et plus assuré du lendemain.

En 1873, une misérable affaire de colportage soulève contre lui de tels flots d'écume révolutionnaire qu'il en est inquiet et se demande si sa barque ne va pas sombrer, mais de Paris une voix autorisée le rassure et lui affirme que ses chefs l'ont toujours en grande estime : « Vous avez fait votre devoir, ajoute-t-elle, vous êtes attaqué par les drôles, et mollement défendu par les honnêtes bourgeois, cela est dans l'ordre, et votre philosophie ne doit pas s'en étonner. Vous valez mille fois mieux par le caractère et par le cœur que ceux qui vous combattent et que ceux qui ne vous défendent pas. »

M. Michel persista cependant dans son intention de quitter une situation aussi dangereuse et aussi précaire, et fit des démarches pour un siège de conseiller à Rennes ou de juge à Nantes.

Quelques amis, d'ailleurs, l'encourageaient dans ce sens. « Je voudrais vous voir assis, lui écrit l'un d'eux. Vous avez quarante-quatre ans, ce me semble, et à cet âge on n'aime plus à lutter, surtout quand la lutte est si ingrate et l'ennemi si acharné. La magistrature assise vous offrirait, au moins provisoirement, plus de calme et plus de sécurité. Je dis provisoirement, car au train dont la société marche en ce moment, que restera-t-il peut-être dans quelque temps des institutions sur lesquelles elle repose ? » Même pressentiment chez le fidèle et vieil ami de Rennes : « A la première secousse un peu radicale, nous nous retrouverons sans doute, vous et moi, dans les rangs du barreau, si mieux vous n'aimez donner suite à nos anciens projets de fonder une maison de denrées coloniales, pour ne pas dire d'ouvrir un magasin d'épicerie. »

Entre temps, M. Michel trouvait des loisirs, qui le croirait ? et se reposait en écrivant une « Monographie de l'Hôpital de Saint-Malo. » Malgré quelques inexactitudes de détail, elle restera comme une œuvre de valeur dans les archives de la ville et du département.

Les Malouins surtout doivent être reconnaissants à M. Michel de ce travail de « bénédictin ». En effet « peu de villes ont eu une existence aussi originale que Saint-Malo ; et il n'en est guère d'aussi riches en documents. » Aussi ce premier travail avait mis l'eau à la bouche de M. Michel : « Ah ! si j'avais le temps, disait-il, et si j'étais Malouin ! »

Nous n'analyserons pas cette étude, si intéressante soit-elle. Nous en signalerons seulement le caractère nettement chrétien. On le trouve comme un sceau placé çà et là marquant le droit d'auteur avec cette verve spirituelle et railleuse qui n'appartenait pas moins en propre à M. Michel. « Au moyen âge, la charité qui n'était pas la philanthropie, créait les premiers hôpitaux. » « La charité est une vertu surnaturelle : elle procède de Dieu même ; après Dieu, elle aime aussi les hommes, mais pour Dieu ; tout cela est compris dans ce titre d'Hôtel-Dieu que par oubli sans doute, notre temps a respecté jusqu'ici et qui ne disparaîtra que le jour où le Dieu-État détrônera le Roi du ciel, où le positivisme effacera la croyance catholique et où l'évangile de Fourrier remplacera l'évangile de Notre Seigneur. » Plus loin, l'auteur rappelant que saint Louis développa considérablement l'œuvre de saint Landry, ajoute : « Alors, comme toujours, l'exemple qui venait d'en haut était suivi, seulement alors l'exemple était bon. »

Ceci suffira pour faire connaître à nos lecteurs l'esprit du livre, et leur permettre de goûter l'appréciation suivante d'un homme compétent en la matière :

« Tous mes compliments, cette monographie fait honneur à votre talent et à votre caractère. C'est parfaitement écrit, c'est vif, rapide, cela marche au but ; le style est constamment soutenu, élégant, entraînant ; c'est mieux encore ; c'est bien pensé ; à côté de l'élévation de l'esprit se trouve l'élévation du cœur. Vous avez fait non seulement un bon livre, mais une bonne action. »

CHAPITRE VI

Saint-Malo

LE PRÉSIDENT DU TRIBUNAL CIVIL

(1874)

Un fait inattendu vint modifier profondément le cours probable des événements et peut-être la destinée entière de M. Michel.

Le vénérable président du Tribunal civil de Saint-Malo, M. Bossinot-Pomphily, se trouva soudain, pour des raisons de santé, dans la nécessité de faire valoir ses droits à la retraite. Dès lors, les sénateurs et les députés, l'archevêque, le préfet, tous les membres influents du parti conservateur d'Ille-et-Vilaine, et notamment MM. de Kergariou et de la Borderie n'eurent qu'un objectif, faire monter au siège du président le procureur qui avait si vaillamment lutté pour la bonne cause. Nous devons dire que M. Michel se laissa faire, sans se donner outre mesure à ces pressantes sollicitations, car il prévoyait bien l'orage qui suivrait sa nomination. Ses chefs directs à Rennes, premier président et procureur général, ne lui étaient guère sympathiques, l'un par principes, l'autre par peur, et tous deux à des points de vue divers redoutaient les effets d'une nomination qui allait prendre l'importance d'un gros événement. En effet, dès que le décret présidentiel parut (21 décembre 1874), ce fut d'un côté un débordement de colère et d'injures, de l'autre un enthousiasme semblable à celui qui suit les grandes victoires. On verra que nous n'exagérons pas par les citations suivantes. Voici d'abord l'*Avenir de Rennes* : « *L'Officiel* nous a apporté la nouvelle de la promotion sur place de M. Michel, le fameux procureur de la République, à

Saint-Malo. C'est la récompense de ses services exceptionnels. Il est vrai que, de tous les chefs de Parquet, nul n'a su se donner une notoriété plus grande d'agent politique du Gouvernement de combat. Les préfets à poigne de l'Empire sont égalés, sinon longuement distancés, par ce magistrat de l'Ordre Moral. » L'*Avenir* déclare ensuite que la nomination de M. Michel porte atteinte à la dignité et à l'inamovibilité de la magistrature, et continue en ces termes : « Il ne s'agit pas seulement d'être zélé, remuant, ambitieux, éloquent même, ce qu'il faut avant tout, c'est d'être à l'abri, autant que possible, des passions contemporaines, des passions politiques surtout... Ceux qui ont été les adversaires du procureur Michel dans les luttes électorales croiront-ils trouver dans le président Michel un juge impartial? Ils auraient tort d'en douter ; soit, mais les faits sont là, logiques, implacables, inspirant bon gré, mal gré, une invincible défiance... Les partisans de l'amovibilité n'auront pas de peine à réfuter les arguments d'indépendance et de dignité nécessaires à la magistrature, lorsqu'il aura été établi que les hommes compromis par leurs passions ou leurs manifestes proconsulaires, comme membres du Parquet, sont mis à l'abri dans la magistrature assise... » L'*Union malouine et dinanaise* répliquait deux jours après :

« La nomination de M. Michel à ces hautes fonctions sera certainement accueillie avec satisfaction par tous ceux qui connaissent la ferme impartialité et l'indépendance que cet éminent magistrat a toujours apportées dans l'exercice de son ministère. Il a prouvé, dans maintes circonstances que nous pourrions rappeler, que, placé entre les intérêts de sa carrière et les suggestions de sa conscience, il n'hésitait jamais à sacrifier les premiers.

« C'est là cependant le magistrat que l'*Avenir de Rennes* ne craignait pas récemment encore de qualifier de « chef de parti, » « d'homme de passion » recevant des ordres de tel ou tel journal.

« Oui, si l'on peut appeler homme de passion celui qui n'a jamais connu que la passion du devoir hautement et fièrement accompli, M. le Président Michel est de ceux-là.

« Oui, si tous ceux qui veulent le respect absolu des lois forment un parti en France. M. le Président Michel est un des chefs de ce parti, — de ce parti, auquel ne sauraient appartenir ceux qui, pour conviction, n'ont que des haines, des rancunes et des ambitions.

« Le parti de la Révolution le sait bien (et c'est de là que viennent les attaques passionnées dont notre nouveau Président est l'objet). Quelles que soient les éventualités que l'avenir réserve à la France, M. Michel est de ces hommes que le flot révolutionnaire pourra couvrir, mais qu'il n'ébranlera jamais......

« Dans l'article qui nous occupe, l'*Avenir* ose mettre en doute l'impartialité, l'équité du magistrat, dans certaines circonstances données.

« Nous répondrons d'un mot à l'*Avenir :* les défaillances intérieures dont il parle sont possibles, peut-être, chez un de ces magistrats sans principes et sans foi, tels que la Révolution et la

Franc-Maçonnerie ont pu en choisir ; mais la conscience du magistrat catholique va chercher en Dieu la lumière pour éclairer ses jugements ; guidée par ce flambeau sacré de l'éternelle justice, il n'y a pas lieu de craindre qu'elle s'égare.

« Que le journal révolutionnaire d'Ille-et-Vilaine et ses amis se rassurent donc : s'ils respectent les Lois, l'Autorité, la Religion, la Propriété, s'ils renoncent à se faire les artisans de l'agitation, du désordre, ils n'auront rien à redouter et pourront dormir en paix, quoi qu'en puisse dire l'auteur anonyme des graves insinuations formulées dans l'*Avenir*.

J. Bazouge. »

Le *Nouvelliste Breton* n'a pas une note différente, il faut l'entendre aussi :

« Les honnêtes gens de l'arrondissement ne pouvaient désirer un choix plus heureux ; ce choix ne plaira pas, il est vrai, à tout le monde, et nous voyons d'ici la grimace que cette nomination arrache aux radicaux dont l'arrondissement de Saint-Malo est agrémenté.

« Le mécontentement que la nomination de M. Michel cause au parti révolutionnaire a même franchi les frontières de l'arrondissement, car l'*Avenir de Rennes* consacre à cette nomination un article qui n'est pas seulement agressif, qui est de plus d'une grave inconvenance, puisqu'il ne craint pas de dire que la promotion de M. Michel « porte atteinte à deux grands principes de l'organisation judiciaire : la dignité et l'inamovibilité de la magistrature.

« Mais l'honorable magistrat devait s'attendre à ces attaques, qui doivent l'honorer sans le surprendre, car nous savons quelle hostilité à peine contenue avait soulevée contre lui le chef du parquet de Saint-Malo, par l'énergie qu'il avait déployée en toute occasion, contre les agissements qui menaçaient ou compromettaient l'ordre social, dans sa juridiction.

« Cette promotion, en portant au fauteuil de la présidence le même magistrat dont la parole éloquente et vigoureuse avait su si souvent intimider et contenir la partie turbulente de la population, cette promotion, disons-nous, sera peut-être pour les agitateurs un utile avertissement, assurés qu'il seront de trouver dans le juge, avec l'impartialité et l'indépendance qui honorent le magistrat, la juste sévérité qui a rendu le procureur si redoutable au parti du désordre.

« Nous ne pouvons donc que remercier le ministre et féliciter l'arrondissement de Saint-Malo d'un choix aussi éclairé, et de plus aussi conforme aux besoins du pays, où l'honorable prédécesseur de M. Michel laisse des souvenirs et des regrets si mérités, et si propres à rendre son héritage difficile. Nul n'était plus apte que M. Michel à recueillir, à la satisfaction de tous et à l'honneur de la justice elle-même, ce périlleux héritage. »

Et si maintenant laissant de côté les journaux dont les appréciations sont parfois contestées, nous dépouillons la volumineuse correspondance qui s'abattit en moins de quinze jours sur la table du nouvel élu, nous serons vite fixés sur le parti auquel nous devrons nous ranger dans ce violent débat. On peut résumer ces lettres par ces mots qui sont répétés partout : « Je félicite le pays, les honnêtes gens, les cœurs dévoués. » — « Je suis heureux de votre nomination pour notre cher pays. » — « Je voudrais être à Saint-Malo pour jouir de la déconvenue des radicaux et des francs-maçons. » — « Votre choix est un véritable service rendu à l'arrondissement. » — D'un général : « Tout le monde est ici dans la joie, mais les méchants hurlent ! » — D'un autre général dont nous donnerons le nom, car il s'appelle de Sonis : « Je tiens à vous adresser sans retard mes plus sincères félicitations. Dans les temps mauvais où nous vivons, temps si pleins de deuil pour les honnêtes gens, c'est une consolation de voir honorer un caractère aussi digne d'estime et de respect que le vôtre. » D'un ancien chef, plus brave que ceux qui avaient trempé dans une odieuse manœuvre tendant à substituer à M. Michel l'un de ses amis personnels, président à Morlaix : « Votre nomination me remplit d'orgueil et de joie. » — D'un personnage influent à Paris : « Nos adversaires vous disent passionné ;

oui, vous l'êtes, mais vous ne l'êtes que pour la justice et le droit. Vos adversaires eux-mêmes le savent bien : au fond ils vous rendent hommage, ils croient à votre impartialité et c'est avec confiance qu'ils viendront à votre barre. » — D'un excellent ami enfin, car il faut nous borner : « Vous étiez le point de mire de toute la crapule, contre laquelle vous ne regardiez pas quand il s'agissait de frapper : elle se promettait bien de démolir le procureur qui avait osé faire condamner les siens. Vous êtes aujourd'hui aussi garanti qu'on peut l'être par les jolis temps que nous traversons. » Au milieu de ce concert d'éloges, M. Michel était malgré tout impressionné par les clameurs des sectaires, un mot le rassura, il fut prononcé par le ministre de la justice : « On m'a fait remettre un numéro du journal rouge de Rennes où l'on insulte M. Michel; si je n'avais pas fait la nomination cela me déciderait à la faire; c'est pour moi une nouvelle preuve que j'ai bien fait. » Plus tard, en 1879, M. Baragnon rencontrant par hasard à Nantes le président de Saint-

Malo, voulut bien lui dire que cette nomination
lui rappelait l'une des bonnes actions de sa vie
publique. M. Michel se mit à l'œuvre avec confiance. Il débuta par un discours qui fit sensation
et d'où la crainte est entièrement bannie.
Citons-en seulement quelques passages :

« Il y a près de cinq ans, quand je vins occuper
le siège du ministère public, voisin de celui-ci, je
vous disais que ma principale ambition serait de
conquérir l'estime des habitants de cette honnête
cité. Si j'en juge par les nombreux témoignages
de sympathie que ma récente nomination m'a
valus, je puis, sans présomption, croire que j'ai
été assez heureux pour m'en rendre digne ; ce
sera l'honneur de ma vie et la plus pure de mes
récompenses ; mais, Messieurs, je vous suis plus
redevable encore ! Oui, c'est votre estime, dont
mon honorable prédécesseur a bien voulu se faire
l'interprète, qui, appuyée de services déjà longs,
m'a fait président du Tribunal de Saint-Malo. J'en
remercie M. le Garde des sceaux, j'en remercie
tous ceux qui se sont intéressés à ma carrière,

particulièrement l'ancien chef de notre compagnie, qui, par une sorte de *testament judiciaire,* a daigné m'indiquer pour son successeur ; je vous en remercie vous-mêmes. . . . . »

En faisant ensuite l'éloge du président démissionnaire, il trace un portrait du magistrat chrétien, qui montre bien les sentiments dont il était pénétré :

« Aussi sage et prudent que savant et éclairé, il ne jugeait pas *secundum faciem aut carnem ;* sa justice était égale pour tous. Rempli de respect pour l'humanité, il n'en faisait pas le jouet de ses décisions. Comme les cœurs bons, il savait faire la part de la faiblesse, et l'indulgence l'entraînait plus que la sévérité. C'était surtout un homme craignant le Juge suprême, et cette crainte qui est la seule devant laquelle nous devons fléchir, qui est le commencement et la perfection de la sagesse, constitue toute la garantie que doit offrir un magistrat. »

Se tournant vers le nouveau Procureur, après lui avoir souhaité la bienvenue : « Vos fonctions,

ajoute-t-il, vous le savez déjà et moi je l'ai appris
par vingt années de pratique, sont souvent déli-
cates, quelquefois difficiles ou périlleuses, mais
elles sont toujours nobles et belles. Sentinelle
avancée de la société, vous devez jeter le premier
cri d'alarme, et, le premier, barrer le passage
à l'ennemi..... »

Nous rappellerions mal la physionomie de cette
imposante solennité, si nous ne détachions pas du
discours si noble et si touchant de M. Bossinot-
Pomphily le paragraphe qui concerne M. Michel.
Il résume la question, et fait mieux comprendre
l'importance de cette installation qualifiée alors
« d'événement dans ce pays de Bretagne où justice
et religion sont synonymes et gardent chacun
leur sanctuaire intact. »

« En descendant de ce siège, une pensée me
fortifie : c'est qu'en cet instant il me semble se
former en moi comme l'anneau intermédiaire qui
relie la chaîne du passé à celle de l'avenir, alors que
l'assistance de deux dignes magistrats à cette phase
touchante de mon existence me permet de tendre la

main à l'un et à l'autre et de leur dire : Vous
à qui j'ai eu l'honneur de succéder[1]! votre pensée
et votre exemple m'ont sans cesse accompagné!
Vous qui me succédez, c'est une puissante consolation pour moi de vous appeler à ce fauteuil où
vous m'avez naguère installé et souhaité le succès!
Ai-je réalisé vos augures? C'est ce que je ne saurais dire : ce que je sais, c'est que vous ferez
revivre, en leur donnant un lustre nouveau, les
traditions qui m'ont été enseignées. Esprit sagace
et distingué, cœur droit et ferme, vos longs et
bons services passés, le courage que vous avez
apporté à votre tâche sont pour nos espérances et
pour la confiance des citoyens, la garantie des
services que vous rendrez encore à la chose
publique; car, nous savons que pareil au travailleur diligent dont le modèle nous est présenté
dans le Livre où votre foi s'inspire et puise les
règles de la vie, vos regards se porteront toujours
en haut, en avant, jamais en arrière, ni en bas,

(1) M. Houitte de la Chesnais, oncle de Mme Michel,
alors maire de Saint-Malo.

quand vous aurez à tracer votre sillon sur le champ du devoir. Jouissez donc en paix de la situation qui vous est faite : elle est le prix du travail, de l'amour du juste et de l'honnête, de l'honorabilité de la vie et de la netteté du caractère. Elle est une récompense; elle est mieux : elle est une justice à laquelle applaudissent ceux qui vous connaissent et qui savent vous juger. »

CHAPITRE VII

Saint-Malo

LE FONDATEUR DU CERCLE CATHOLIQUE OUVRIER

(1875)

L'ANNÉE 1875 devait marquer encore plus que la précédente dans la vie de M. Michel. L'avenir politique de la France s'assombrissait. Le maréchal-président hésitait de plus en plus dans ses allures, et il allait sous peu succomber et se retirer en face des injonctions de Gambetta et de ses partisans. M. Michel ne désespéra pas de son pays, et ne se contenta pas de gémir sur le malheur des temps. Il crut au contraire que l'heure était venue de

travailler plus ferme et de s'affirmer plus carrément
comme catholique militant. Tout en donnant le
temps nécessaire à ses audiences et à la préparation de ses jugements, il se lança corps et âme
dans une entreprise folle au point de vue humain,
puisqu'elle devait aboutir au brisement de sa carrière et de son avenir, et même abréger sa vie.
Il entrevit ces conséquences, mais il n'hésita pas :
l'œuvre lui parut bonne, excellente, il se sentit
inspiré d'y travailler, et comme un vaillant missionnaire, il méprisa les obstacles et les dangers pour le salut des âmes et pour la gloire de
Dieu.

Au lendemain de nos désastres, plusieurs catholiques français, ne s'attardant pas à de stériles
lamentations, comprirent sans peine que la cause
de tous nos maux venait de la rupture de la Société avec l'Église, rupture dont la conséquence
avait été de tout mettre en dissolution dans notre
pays : les liens et le respect de la famille et de
l'autorité. Comment faire pour réconcilier la société avec Dieu et pacifier les classes entre elles ?

Pendant longtemps, la classe dirigeante avait donné le mauvais exemple, elle devait donc commencer la réparation; mais, où trouver un terrain commun permettant à la classe dirigeante et aux ouvriers de se rencontrer, de se voir, de s'apprécier et de se rendre mutuellement service? Un officier démissionnaire, dont le nom est devenu depuis célèbre, M. le comte Albert de Mun, crut avoir trouvé ce terrain dans la création des Cercles catholiques d'ouvriers. Aidé de quelques amis décidés, grâce à son éloquence entraînante et persuasive, grâce surtout à la Providence, il réussit au-delà de toute espérance, à la surprise des timides et à la rage des méchants. M. Michel, qui, par bien des côtés, rappelait M. de Mun, ne tarda pas à s'éprendre de cette œuvre originale et hardie, dont il saisit avec la sagacité qui lui était propre le caractère, les principes fonda-mentaux, le plan général et l'organisation spéciale. Fonder un Cercle à Saint-Malo fut dans son esprit chose décidée du jour où, avec M. du Chélas, alors commissaire de l'inscription maritime, il alla représenter le Comité catholique malouin à l'Assemblée générale de Paris.

Sur ce voyage préliminaire, voici des détails que M. Michel ne pouvait pas livrer à la publicité, et que nous avons rencontrés dans sa correspondance intime : « Je suis allé à Paris pour assister au Congrès des Comités catholiques. J'y ai entendu le Cardinal-Archevêque, M. de Chesnelong et une foule d'hommes illustres ou simplement distingués. Chose extraordinaire, je croyais ne connaître personne et je me suis trouvé très connu d'une masse de personnages que je n'avais jamais vus. Je le dois à la presse révolutionnaire qui, ces dernières années, m'avait signalé à la haine des siens et aussi à l'intérêt des conservateurs catholiques. » Ce fragment de lettre montre que, dès sa première apparition au milieu des hommes d'œuvres catholiques, M. Michel y occupa une place distinguée.

Laissons maintenant la parole à M. Michel : il va nous raconter lui-même comment fut semé le grain de senevé qui devait devenir si rapidement un arbre robuste et florissant. Il efface avec soin sa personnalité, mais tout Saint-Malo savait qu'il était l'âme de cette œuvre naissante.

« La foi et le cœur du Catholique sont les mêmes partout; aussi n'est-ce pas à Paris seulement qu'ont retenti les coups de tonnerre de 1870-71.

« Tous, nous nous sommes sentis frappés; tous, nous avons vu que c'était un châtiment et un avertissement de la Providence; tous, nous nous sommes dit que nous avions à réparer des fautes et à désarmer le bras de Dieu.

« Paris, le premier, s'est levé pour commencer la reconstruction sociale; la Province l'a suivi de près. De tous côtés, les Catholiques se sont réunis et se sont mis au travail; Saint-Malo a suivi l'exemple.

« Tout d'abord, quelques hommes, sans autre mandat que celui qu'on reçoit de l'Église au jour de son baptême, se sont assemblés pour aviser aux moyens de faire le bien. Peu nombreux et sans grandes ressources, ils n'ont pu, pendant longtemps, que prier ensemble, prêcher d'exemple et attendre une occasion de mettre leurs aspirations en pratique. Ce temps n'a pas été perdu.

« Leurs cœurs se sont réchauffés à la vivifiante chaleur de leur foi commune, leurs courages se sont excités, et quand le jour de travailler est venu, ils se sont trouvés prêts.

« Une délégation du Comité catholique de Saint-Malo se rendit au Congrès général des Comités catholiques assemblés à Paris au mois d'avril dernier. Là, elle étudia les œuvres qui venaient de surgir sur les différents points du pays, et rapporta l'impression que parmi ces œuvres on pouvait choisir celle des Cercles catholiques d'ouvriers pour l'appliquer à Saint-Malo.

« Le Comité, pénétré du but chrétien et social de cette institution, s'empressa d'accueillir la proposition. Quelques Membres reçurent mission de recueillir des adhésions et de constituer un Comité fondateur. Le 22 avril 1875, eut lieu la première réunion. Le Bureau fut nommé et eut la joie de pouvoir faire accepter la présidence d'honneur à notre digne Curé. L'acte d'adhésion prescrit par le règlement général de Paris, fut revêtu de signatures, et les diplômes des Membres de l'œuvre, peu de jours après, furent adressés aux signataires. Alors la fondation commença à marcher.

« Il ne restait plus qu'à se mettre en règle avec la loi. En bons citoyens, nous soumîmes nos statuts à l'autorité compétente, et le 25 juin un arrêté préfectoral consacra légalement notre existence...

« Restait toutefois la question d'argent, cette malheureuse question qui trouble les rêves et les projets les meilleurs. Nous savions que la Providence devait y pourvoir !

« Qu'avons-nous fait, Messieurs, pour nous procurer les premiers secours matériels qui nous étaient indispensables ? Une de nos sections, la section des finances, composée d'hommes généreux et âpres au bien, s'est mise en route. Elle est allée frapper à vos bourses, vous les avez ouvertes au grand et vous avez versé l'argent sans compter.

« Ce n'était pas un faux calcul ! En peu de temps,
sans peser trop lourdement sur le budget de la
générosité publique, nous avons reçu une somme
de plus de 6 000 francs. C'était assez pour un début ;
à chaque jour suffit son mal, le pain du lendemain
viendra de lui-même.

« Dès que le Comité a eu entre les mains l'argent
indispensable, il s'est mis à la besogne. Il fallait
tout d'abord un local ; or, une maison vaste, bien
distribuée, ayant certaines dépendances, ne se trouve
pas facilement, vous le savez, dans notre étroite
enceinte ! Nous l'avons cependant découverte,
rue de Victoire, n° 9[1], et nous l'avons louée
pour deux années au prix de 1 000 francs par an.
Cette maison, il est vrai, n'a qu'un très petit
jardinet, mais on pourra néanmoins y installer
quelques jeux de tonneau, de quilles ou de palet.

(1) « C'était l'ancienne loge maçonnique, et il semblait
que par l'impossibilité où l'on s'était trouvé, de se procurer
un autre logement, Dieu eût voulu que le foyer de la réac-
tion religieuse fût établi là même où avait été le foyer de
l'action anticatholique, que Satan fît place à Jésus-Christ. »
Rapport présenté à Paris en 1876.

Pour le reste, l'édifice répond parfaitement à sa destination.

« Au rez-de-chausée, une conciergerie ; au premier étage, une salle de billard, une salle de jeux, un buffet pour les consommations. Ce sera la partie bruyante du local. Au second, trois autres pièces seront affectées à la Bibliothèque ou salle de lecture, à la chambre des délibérations du Comité, ainsi que du Conseil d'ouvriers et au cabinet du Directeur ; enfin le troisième étage renferme la chapelle, assez grande pour contenir plus de cent personnes. Si celle-ci pouvait, un jour, se trouver trop petite, ce n'est pas nous, Messieurs, qui nous en plaindrions !...

« Voilà, Messieurs, pour la partie matérielle. Voici maintenant la partie morale.

« Si nous nous contentions de procurer aux ouvriers des distractions, des amusements convenables, nous ne remplirions pas le but que nous nous sommes proposé. C'est surtout de leur esprit et de leur âme que nous devons nous occuper.

« Les Cercles doivent être des associations Catholiques formées autour d'une chapelle, l'étiquette de Catholiques serait un vain mot, si la Foi affirmée en dehors n'était pas mise au dedans en pratique. Nous ne saurions trop le répéter, nous ne sommes pas des philanthropes, nous voulons être des catholiques. Nous soutenons que le salut n'est pas ailleurs que dans un retour complet aux maximes et à la pratique du Christianisme; ce serait mettre nos actes en contradiction avec nos paroles, si nous supprimions Dieu, son temple et ses prêtres. D'ailleurs, ne faut-il pas avoir pitié du respect humain pour les autres et donner aux ouvriers souvent persécutés pour leur foi dans les ateliers et dans tous les lieux publics, un asile où il puissent remplir leurs devoirs en paix et sans trop d'efforts ! Nous aurons donc une Chapelle. Cette Chapelle ne remplacera pas la paroisse, car nous n'ignorons pas que cette parole de l'Évangile est un précepte : *Cognosco oves meas et cognoscunt me meæ.* Le berger doit connaître son troupeau et en être connu.

« Aussi, viennent les grandes fêtes chrétiennes, Pâques, Noël, l'Ascension, l'Assomption, ce sera dans l'église paroissiale, sous les yeux de leur Curé et de leurs prêtres, que nos associés iront les célébrer.

« Mais à la Chapelle du Cercle, on pourra les y préparer. A la Chapelle encore se célébreront les fêtes des Saints patrons du travail, les fêtes dites de famille qui sont l'Épiphanie, les Jours gras, les fêtes de l'Aumônier, du Directeur et du Président. Là encore, au pied de notre autel, les conseillers et les dignitaires ouvriers recevront une solennelle investiture ; là, enfin, le repentir pourra s'épancher à l'aise.

« Une Chapelle suppose un Aumônier. — Nous en avons un. Monseigneur l'Archevêque de Rennes a bien voulu désigner pour ces fonctions M. l'abbé Busnel, prêtre du Collège de cette ville.

« Les besoins de l'âme ainsi assurés de recevoir satisfaction, nous passerons à ceux de l'intelligence.

« L'homme a été créé pour savoir comme pour aimer, et l'ignorance, à mes yeux, est la pire des punitions dont l'homme a été frappé après sa chute. La maladie est un mal relatif, c'est une occasion de mérite pour qui sait souffrir chrétiennement ; la mort, pour qui a bien vécu, est l'heure de la récompense ; mais l'ignorance, elle, ne tourne jamais à bien. C'est un mal absolu, et si quelqu'un a intérêt à le combattre, ce sont les Catholiques. Existe-t-il moins aujourd'hui qu'autrefois, ce mal de l'ignorance ? Oui, si vous considérez les sciences positives qui depuis un siècle ont fait les plus admirables progrès ; non, mille fois non, si vous considérez la science par excellence, la philosophie, qui seule pourtant sait résoudre les problèmes de la vie humaine. Demandez à mille chrétiens, d'où ils viennent, où ils vont et pourquoi ils sont, et vous serez effrayés des réponses. Parlez des devoirs envers Dieu, envers la Patrie, envers soi-même et les autres et vous lirez sur les visages si vous avez été compris. Autrefois le peuple tout entier savait son catéchisme, aujourd'hui beaucoup, surtout hors de nos contrées, ne l'ont jamais appris ; d'autres l'ont appris peu de temps et l'ont oublié vite. Les lettrés souvent le connaissent moins que l'humble villageois, et à Paris il y a une proportion que je n'ose pas dire d'enfants qui n'ont pas été baptisés. Il y a donc là encore une ruine à relever. Nous y travaillerons dans la mesure de nos forces. Une bibliothèque sera mise à la disposition des ouvriers. Elle sera composée de livres sérieux et amusants, mais aucun livre ne sera admis s'il n'allie pas le plaisir ou la science à la Morale et à la Foi.

« Nous avons encore le projet d'ouvrir, pendant l'hiver, des conférences du soir. Les matières religieuses, historiques, géographiques, littéraires, y seront traitées d'une manière élémentaire, et nous pourrons y donner aux Membres des notions d'arithmétique, de géométrie et de physique. D'autres pourront prendre pour sujet des applications industrielles, exposer les nouveaux procédés découverts, etc.

« Dans tout gouvernement, qu'il s'agisse de nation ou de foyer domestique, il faut un chef. Au Cercle, le maître de maison sera le Directeur.

« Le Directeur, Messieurs, c'est la clé de voûte du Cercle ; il est l'intermédiaire entre le Comité et le Cercle, comme entre l'ouvrier et le prêtre. Par lui l'Association est guidée dans la voie droite, il est chargé de maintenir l'esprit de l'œuvre. Les ouvriers doivent être l'objet de sa constante sollicitude. Chercher et varier les amusements, entretenir une douce gaieté, voir tout sans être pourtant un surveillant, connaître les hommes, encourager les faibles, consoler ou soulager les éprouvés, diriger avec prudence les conseillers chargés d'administrer avec lui, faire accepter et non subir son autorité ; voilà son rôle. Comme vous le voyez, il est complexe ; il exige du tact, du dévouement, il ne peut être rempli que par un homme dont le cœur est rempli du feu de la charité. Mais cet homme n'est point un mythe, il s'est rencontré ailleurs, nous avons eu nous-mêmes la main assez heureuse pour le trouver[1] et désormais nous pouvons être sans crainte.

(1) M. Brulé, alors employé à la sous-préfecture et plus tard révoqué pour son cléricalisme, s'attacha sincèrement à

« Voilà où nous en sommes, Messieurs, n'est-il pas vrai que nos efforts n'ont pas été infructueux ? Après quatre mois, tout est prêt. Nous avons un noyau de trente à trente-cinq ouvriers déjà initiés par plusieurs conférences au but et à l'esprit de l'œuvre, choisis parmi les meilleurs de cette ville, et je puis vous annoncer l'inauguration de notre Cercle catholique d'ouvriers pour le 12 de ce mois [1]. N'est-il pas vrai que nous devons rendre grâces à Dieu des secours si manifestes qu'il nous a accordés : *Nos plantavimus, dedit incrementum.*

« Tous les Membres de l'œuvre, hommes de la classe dirigeante ou bien ouvriers, voudront consacrer par le plus grand des actes religieux le

l'œuvre et à la personne de M. Michel : il fut son bras droit, lui rendit d'inappréciables services ; nous devons à son aimable obligeance un bon nombre de détails cités dans cet ouvrage.

[1] C'était le 9 septembre 1875, dans la salle d'asile, en présence des notabilités religieuses et civiles, qu'était prononcé ce discours préparatoire à la formation définitive du Cercle de Saint-Malo. Le matin même, le Comité et vingt-huit ouvriers avaient assisté à une messe célébrée dans la chapelle du Cercle.

début de leur œuvre. Où pourrait-on sceller la
réconciliation des groupes sociaux mieux qu'à la
Table sainte! Nous vous y donnons rendez-vous.

« Pour terminer, permettez-moi de renouveler
l'appel adressé tout à l'heure à ceux qui ne font
pas encore partie de notre œuvre. A ceux-là nous
dirons : Pour être avec nous, il suffit de partager
notre Foi et de contracter le léger lien religieux
qui nous unit. Il suffit d'aimer Dieu, l'Église, ses
frères et sa Patrie. Or, si vous ne les aimiez pas,
vous ne seriez pas ici! Signez donc, Messieurs,
l'acte d'adhésion préparé d'avance par notre secrétaire pour recevoir le témoignage de vos bonnes
volontés. Signez cet engagement de travailler
au rétablissement de notre société si ébranlée;
cimentons aujourd'hui l'union de toutes les forces
chrétiennes et sauvons, s'il est possible, par la
prière et la charité, cette pauvre mère qui s'appelle
la France! »

La voix de M. Michel fut entendue, plus de
cent adhésions recompensèrent sa parole et son
zèle. Les ouvriers, au nombre d'une soixantaine

seulement, furent choisis avec discernement. Quelques mois après sa fondation, pour sa ferveur et son entrain le Cercle catholique de Saint-Malo était connu, cité, envié dans la France chrétienne toute entière!

———

CHAPITRE VIII

Saint-Malo

L'ORGANISATEUR DU CERCLE CATHOLIQUE

(1875-1876)

FONDER une œuvre, c'est bien; l'organiser, l'étendre, en assurer le fonctionnement normal, c'est beaucoup mieux assurément. M. Michel le savait, et sans se laisser éblouir par les brillants débuts du Cercle de Saint-Malo, il eut le courage de le soutenir au jour le jour de ses paroles et de ses actes. Dieu sait s'il eut du mérite. Dans le monde officiel, préfet, sous-préfet et autres fonctionnaires faisaient des gorges-chaudes sur les projets du président : « Des ouvriers, disait le chef de la bande en tournée de révision, il veut faire des capucins; il va se rendre ridicule, c'est dommage. » M. Michel apprenant ces propos répondait : « Laissez-les dire, des ouvriers nous ferons de bons chrétiens et de bons français. » Il continuait ensuite, la tête haute et le cœur joyeux, excellant à entraîner à sa suite les sociétaires et leur imposant gaiement un travail sérieux, réfléchi et quelquefois pénible pour des hommes peu habitués jusqu'à ce jour à pareille discipline. Aussi lorsque, au mois de mai 1875, le cardinal Brossais Saint-Marc voulut bien honorer le Cercle de sa visite, le président pouvait déjà lui tenir ce langage : « Monseigneur, nous sommes cent cinquante en tout. Nous pourrions être beaucoup plus nombreux, mais je dois dire à Votre Éminence que nous n'ouvrons pas les bras aussi grands que plusieurs le voudraient. Telle qu'elle est, notre petite phalange compte déjà dans l'armée du bien, et nous savons qu'elle s'accroîtra encore pourvu, hélas! qu'on nous laisse vivre. »

Ces derniers mots nous montrent que dès son berceau l'œuvre eut à redouter des difficultés extérieures et le mauvais vouloir du gouvernement que la franc-maçonnerie envahissait déjà avant de s'en rendre absolument maîtresse.

Ces appréhensions n'étaient pas faites pour diminuer la sympathie du pieux cardinal. Plein d'admiration pour tout ce qu'il voyait et entendait, il demanda à être associé au Cercle et paya séance tenante sa cotisation. Quelques jours après, il envoya de Rennes pour le service de la chapelle un magnifique ornement en drap d'or. Il fit plus encore, il désigna un aumônier spécial[1] qui devait être tout entier au service des ouvriers. On jugera de l'allure prise du premier bond par la fondation nouvelle d'après l'extrait suivant dû à la plume d'un témoin assidu : « Nos réunions empreintes d'une grande gaieté et d'une extrême cordialité donnaient souvent l'occasion à M. Michel de se faire entendre ; sa parole facile et pénétrante

(1) M. l'abbé Moreau, actuellement recteur de Marcillé-Robert.

cimentait de jour en jour les liens d'affection créés entre les membres associés et les ouvriers. Il était l'âme et le pivot de l'œuvre, soit par les bons conseils qu'il donnait à tous, soit par l'entrain avec lequel il se plaisait à se mêler à leurs distractions, surtout au billard. Il était le premier observateur du règlement du Cercle, et son exemple fit qu'à l'agrément du lieu de réunion vint s'adjoindre un sentiment de discipline dont les résultats rejaillirent jusque dans la famille et dans l'atelier. A la Fête-Dieu, à l'Assomption, il prenait sa place en procession à la suite de la bannière de l'œuvre portée par un des dignitaires du Cercle. Il n'aurait jamais voulu, pour quelque cause que ce fût, abandonner cette place d'honneur. Aussi, dans la population tous n'avaient que des louanges et une estime toute particulière pour ce vaillant chrétien sur lequel le respect humain ne pouvait avoir prise. »

Comme toutes les œuvres similaires, l'œuvre des Cercles eut à se défendre du reproche de *laïcisme*. M. Michel ne négligea jamais l'occasion d'y répondre par l'affirmation de sa dépendance et de sa soumission à l'égard de l'Église et de ses chefs. Il le fit simplement à la visite du métropolitain, il le fit avec éclat au pèlerinage des Cercles bretons à Sainte-Anne, le 20 août 1876, devant Monseigneur Bécel, qui à tort ou à raison ne passait pas pour un admirateur enthousiaste de l'œuvre des Cercles. Ce discours a droit à la publicité que lui souhaitait un des catholiques éminents de Paris.

« Monseigneur,

« Voulez-vous permettre à un enfant de Sainte-Anne, le seul probablement de tous ces pèlerins qui soit né sur cette terre bénie, de déposer aux pieds de Votre Grandeur, au nom des Comités des Cercles Catholiques d'Ouvriers de Bretagne, l'hommage de leur reconnaissance et de leur dévouement ?

« S'il est permis de juger par l'expérience de ses premières années, notre Œuvre n'est pas de celles qui n'attirent que l'indifférence. Ceux qui la connaissent l'aiment avec passion ou la haïssent avec fureur !

« Votre Grandeur connaît la cause de ces dispositions contraires.

« C'est qu'en effet, tout en elle répond aux sentiments, aux aspirations de ses amis ou menace les projets de ses ennemis.

« Son origine Providentielle, son but, si grand que sans la Foi il paraît une folie, sa puissante organisation, sa propagation si rapide, surtout la haute approbation du Souverain Pontife, ne laissent aucun doute aux esprits hostiles à l'Église.

« On sait qu'elle est œuvre de lutte, qu'elle entend résister légalement à toute entreprise impie ou antisociale, que son action commence là où finit l'action des ministres de Dieu, et qu'elle se servira des armes que la main sacerdotale ne peut tenir.

« On n'ignore pas non plus que, vaste association catholique, elle compte aujourd'hui de nombreux soldats qui, demain, seront plus nombreux encore ; que ces forces ne constituent pas des troupes isolées, mais qu'unies à travers la France par le même lien religieux, elles forment déjà une armée unique, disciplinée et résolue !

« En un mot, l'Enfer et la Révolution comprennent qu'il faut compter avec nous. Nous sommes ici, Monseigneur, les députés de l'armée dont je viens de parler, armée pacifique, de résistance plus que d'attaque, ayant la Croix pour étendard, l'amour de Dieu, de l'Église et de la Patrie au fond du cœur, et nous venons renouveler entre vos mains la promesse de les servir.

« Le 4 mai dernier, parlant au nom du Comité de Saint-Malo que je préside, je tenais le même langage au Métropolitain breton, et j'ajoutais que, complètement purs de ce qu'on appelle le Laïcisme, puisant nos inspirations et notre doctrine à la source même de l'Infaillibilité, nous voulions être considérés comme des enfants soumis qui ne se mettent devant leurs Pasteurs que pour les

défendre. Son Éminence, touchée de ces sentiments, a bien voulu nous répéter les encouragements que ne cessent de nous prodiguer le Pape et
les Évêques, et, comme gage de sa sympathie,
elle a demandé à signer l'acte d'adhésion aux
bases de notre Œuvre.

« Nous l'espérons, Monseigneur, Votre Grandeur
ne se montrera pas moins bienveillante que notre
vénéré Archevêque de Rennes, qu'Elle voudra
bien nous bénir et compter sur nous. Qu'Elle
reçoive en échange nos vœux de bonheur pour
Elle, pour son Pontificat déjà illustre et pour
ce beau diocèse où je ne reviens jamais
sans que mon cœur batte, et qui, grâce à la
protection de sainte Anne, aura bientôt pour
champion le plus chrétien et le plus éloquent de
nos soldats[1]. »

Le jugement du chef suprême des Cercles dut
rendre fier M. Michel : « Votre discours est
parfait ; je n'y vois rien à reprendre, écrit M. de

[1] Allusion à l'élection alors prochaine de M. de Mun,
comme député du Morbihan.

Mun, cette ferme et entière affirmation des principes et de l'organisation de notre œuvre sera, dans les circonstances où nous sommes, d'un excellent effet. Vous apporterez par là à la direction générale un puissant secours. »

CHAPITRE IX

Saint-Malo

LA CONFÉRENCE SUR L'ASSOCIATION

(1876)

Dans une magnifique réunion tenue le 5 novembre de la même année, M. Michel reprenait la parole avec un grand succès. Les journaux reproduisirent son discours *in-extenso*, et nous n'hésitons pas à le donner à notre tour : il fera mieux connaître encore, avec la belle âme de notre héros, la pureté et la grandeur de vues qui animaient le fondateur de l'Œuvre des Cercles. Si cette œuvre, après vingt ans d'efforts, n'a pas donné tous les fruits prédits aux heures de jeunesse, la faute n'en a pas été à ses promoteurs, dont M. Michel écrivait : « Quels hommes admirables j'ai vus là-bas, à l'Assemblée des Cercles, et qu'ils nous font honneur ! Je suis revenu ravi, édifié, et surtout excité à mieux faire. »

La responsabilité de cet échec relatif ne doit-elle pas retomber plutôt sur ceux qui, ayant mission de la favoriser, l'ont enrayée, discréditée même, s'unissant sans le vouloir aux pires ennemis de l'Église et du Christ. Nous ajouterons que dans notre pensée ce discours sur l'Association pourra donner des idées pratiques à des âmes ardentes pour le bien et désireuses de contribuer elles aussi à la grande œuvre de la régénération sociale.

« Messieurs,

« Quand je jette les yeux sur cette assemblée, je sens mon cœur emporté vers Dieu par un immense élan de reconnaissance ! Il y a un an à peine, nous n'étions qu'un petit grain, un germe inconnu; depuis, le grain a poussé sous la rosée bienfaisante de la grâce, le voilà devenu un jeune plant sain et vigoureux, et ses rameaux déjà forts promettent pour plus tard un grand arbre. Comment cela s'est-il produit?

« Ce phénomène, Messieurs, a une double explication : l'une surnaturelle, c'est-à-dire l'action divine secondant d'une manière évidente, saisissante, les efforts de nos bonnes volontés; l'autre humaine, tirée du moyen dont nous nous sommes servis et qui s'appelle l'Association.

« L'Association, Messieurs, voilà le plus puissant des instruments mis par la Providence à la disposition de l'homme! Archimède disait autrefois : « Donnez-moi un levier et un point d'appui et je soulèverai le monde! » Mais le point d'appui lui manquait. Plus heureux que lui, nous avons notre levier dans l'Association et nous trouvons notre point d'appui dans notre foi. Voyez ce que nous pouvons avec de la volonté et de la persévérance!

« Puisque telle est l'importance du moyen
que je viens de nommer, ne convient-il pas, afin
d'en tirer un meilleur parti, de l'étudier dans son
origine, dans son application et dans ses conséquences? Cela est certainement indispensable, et
j'ai pensé que vous me permettriez de faire cette
étude avec vous.

I

« L'Association peut se définir : l'union des
volontés, des forces ou des ressources de plusieurs
pour atteindre un but commun. Quand ce but
est honnête, la liberté naturelle de l'homme lui
confère ce droit d'union, et ce droit ne dérive
pas, comme le croyaient les légistes païens de
Rome, de la loi civile ou positive; sa source est
plus haut, elle est dans la vocation même de
l'homme créé par Dieu.

« L'homme n'a pas été destiné à vivre seul et
en égoïste sur la terre. Il faut qu'une mère lui
prépare un berceau, son enfance a besoin de mille

secours sans lesquels il mourrait; dans l'isolement, il ne saurait se défendre contre les animaux plus forts que lui, son intelligence s'atrophierait, il n'apprendrait même pas à parler, ce serait un être intermédiaire entre le sauvage et la bête, parce que la sociabilité est une loi essentielle de sa nature. Aussi Dieu a-t-il organisé pour lui une famille. La famille a donc été la première des Associations, et tous les hommes étaient appelés à constituer une seule et vaste famille, puisque tous descendaient d'un. même père.

« La faute originelle, cette véritable clef de l'histoire, est venue détruire la divine harmonie. Par elle, les frères sont devenus des ennemis, et la possibilité d'injustes agressions a nécessité la commune défense.

« Plus tard, par suite du développement de la population, les hommes ont été obligés de se séparer. Chacun ne s'en est pas allé de son côté, au gré de son caprice; des groupes se sont formés selon les parentés ou les alliances, et ces groupes ont été des Associations qui sont devenues des peuples.

« Chez les peuples, l'union des forces a encore été absolument nécessaire, soit pour assurer l'ordre intérieur, soit pour défendre le territoire. Dès leur formation, l'autorité publique reçut la mission de procurer l'ordre ; le patriotisme l'aida à protéger les frontières.

« Si nous descendons le cours du temps, nous voyons s'établir, au sein de chaque nation, des Associations plus restreintes. Ce sont des citoyens entre lesquels la profession ou le métier ont produit des intérêts identiques, et les corporations surgissent. Ces corporations, dont il suffisait de corriger les abus et qu'on a supprimées d'un trait de plume !... Qu'en est-il résulté ? Comme l'homme est invinciblement porté par sa nature à s'associer à ses semblables, quand les Associations licites lui ont été défendues, il s'est jeté dans les Associations illicites.

« De là, depuis un siècle, la diffusion extraordinaire, effrayante à cette heure, des Sociétés secrètes. De là aussi l'antagonisme entre le patron et l'ouvrier, antagonisme qui est devenu la guerre, guerre contre laquelle nous essayons de réagir.

« En un mot, l'Association est tellement une loi naturelle que nous la retrouvons partout. Nations, familles, armées, sociétés religieuses, charitables, littéraires, industrielles, commerciales, tous ces groupes sont des Associations ! Il n'est pas jusqu'à certains animaux, comme l'abeille, la fourmi, le castor, qui ne pratiquent l'Association, et si bien que l'Écriture sainte nous les a plusieurs fois cités comme des modèles.

« Elle est un besoin si impérieux de la vie particulière ou sociale que tout le monde la réclame (toutefois avec des intentions fort différentes), aussi bien les Congrès d'ouvriers libres-penseurs que les Cercles des ouvriers catholiques.

II

« L'origine providentielle de l'Association étant ainsi établie, cherchons maintenant l'application qui en est faite ou qui peut s'en faire, soit dans l'œuvre des Cercles catholiques d'ouvriers, en général, soit dans notre œuvre locale.

« Il est inutile, n'est-il pas vrai, de démontrer que tous nous avons le droit de poursuivre en commun une fin honnête à l'aide de moyens innocents ? C'est une vérité de bon sens, comme cette autre : que la puissance publique a le devoir de veiller à ce qu'aucune société particulière ne puisse, par des statuts immoraux ou révolutionnaires, troubler l'ordre général. Qu'avons-nous donc à voir tout d'abord ? Deux choses : si notre but est bon, et si les moyens que nous employons pour l'atteindre sont permis.

« Or, quel est ce but ? Vous le savez depuis longtemps. Nous sommes une réunion d'hommes qui croient que le suprême bonheur des peuples consiste à vivre conformément à la loi de Dieu, qu'ils périssent en quittant cette voie, et que la France souffre pour s'en être momentanément écartée. Nous voyons dans l'abandon de la religion l'unique cause de nos inimitiés, de nos divisions, de nos malheurs et de nos châtiments, et nous nous proposons, en travaillant derrière nos prêtres, à faire rentrer les principes chrétiens dans les institutions du pays, d'apaiser la colère de Dieu, d'étouffer les haines, de rétablir la paix sociale et de rendre à notre chère France, après lui avoir enlevé la tache de sang que depuis quatre-vingt-trois ans elle porte au front, la grande situation dont son infidélité l'a fait déchoir.

« Certes, on peut discuter nos convictions, mais qui osera soutenir que ce but n'est pas le plus grand, le plus noble et le plus licite qu'on puisse indiquer?

« Peut-on davantage critiquer nos moyens? Non. Au point de vue de la forme, ils sont irréprochables. Nous nous sommes montrés des citoyens soumis; nous existons conformément à la loi du pays, et celle ci, nous la respectons en toute matière, comme vous avez pu vous en assurer en franchissant les portes de cette maison.

« Au fond, en quoi consistent nos moyens? A créer entre les catholiques de toutes classes des Associations : à les unir par un lien commun, la Religion ; à leur indiquer un travail commun, la conversion et la rénovation chrétienne de la Patrie ; à les mettre en relations entre elles, afin de leur apprendre à s'aimer et à s'entr'aider. Ainsi : le Comité de l'œuvre, les Comités locaux, les Cercles, les Comités de patrons, ceux de Dames patronnesses (là où il en existe), sont autant d'Associations différentes, ayant chacune une existence distincte, une mission particulière, mais visant toutes les mêmes résultats.

« *Le Comité de l'œuvre* se charge de sa propagation et du maintien de son unité.

« *Les Comités locaux* créent et soutiennent les Cercles, et, dans les deux cas, c'est la classe qui a le plus reçu qui se dévoue à ceux qui ont reçu le moins.

« *Les Cercles* sont le terrain où ces classes se rencontrent pour raviver leur foi et leur charité.

« *Le Comité de Patrons* s'occupe de refaire l'atelier chrétien et de concilier avec le sien l'intérêt de l'ouvrier.

« *Les Dames Patronnesses* se chargent ordinairement de procurer des ressources financières aux Comités et aussi de faire acte de dévouement vis-à-vis de la famille ouvrière, et quand ces diverses Associations ont été organisées assez complètement pour satisfaire à tous les besoins, pour embrasser à la fois le petit enfant, l'apprenti, l'ouvrier avec ses parents et son patron, on donne à cet admirable faisceau le nom de : *Corporation chrétienne.*

« A Saint-Malo, nous n'en sommes pas là, mais nous datons d'hier, et nous serions des ingrats ou des présomptueux, si nous songions à nous plaindre. D'ailleurs, on l'a dit, le temps ne conserve que ce qu'il édifie lentement ! Travaillons, travaillons sans relâche, et nous arriverons à parfaire ce qui est si bien commencé !

« Des Associations que je viens d'indiquer, trois seulement existent parmi nous : le Comité local, celui des Patrons et le Cercle.

« Du premier, nous n'avons pas à parler en ce moment. Il est nécessairement limité et il y aurait

peut-être plus d'inconvénients que d'avantages à
l'étendre au-delà de ses bornes actuelles. Il a du
reste mieux à faire que s'accroître, il a à s'améliorer et à donner l'exemple. En vertu de ses
engagements particuliers, il doit être plus zélé,
plus laborieux, plus dévoué, pour tout dire, que
les autres membres de l'Œuvre; qu'il fasse son
devoir et tout ira bien !

« Au contraire, le Comité de Patrons et le
Cercle sont indéfiniment extensibles, et plus il
y aura de patrons et d'ouvriers chrétiens, plus le
rapprochement des classes avancera, plus on se
rapprochera de la fin que l'on se propose. De ce
côté, il y a donc beaucoup à faire ! Pourtant,
hélas ! les difficultés matérielles viennent tempérer
nos désirs et nous imposer la prudence ! Après
si peu de temps, notre local se refuse déjà à nous
contenir tous, et c'est à son défaut que nous
recevons en ce moment même une aimable hos-
pitalité. Nous avons beau avoir le cœur grand,
la dure nécessité nous rappelle chaque jour que
notre propagande fera bien, non de se ralentir,

mais de trier un peu plus, jusqu'à ce que nous ayons des salles et une chapelle proportionnées à notre nombre.

« Puisse ce moment arriver vite, Messieurs, car il s'agit là d'un intérêt majeur ! Notre œuvre commune commence à se faire connaître, on vient à nous ; qu'arrivera-t-il si nous sommes obligés de refuser des concours ? Ces concours iront peut-être à d'autres... Ce n'est pas pour le bien seulement qu'il se fonde des Associations ! Il y en a partout en voie de formation, les unes pour supprimer Dieu, son culte, ses ministres, ses serviteurs et ses servantes ; d'autres pour dégager l'instruction de toute doctrine religieuse ; pour abroger toute forme gouvernementale ; pour réorganiser le monde par le seul culte de l'humanité ; pour fonder à la campagne des conférences qui seront faites *pendant la messe;* pour déplacer le capital; que sais-je encore ? en résumé, pour substituer le pur matérialisme aux idées spiritualistes reçues jusqu'à ce jour.

« L'ouvrier, à qui l'on a répété que le bien-être matériel doit être sa seule préoccupation dans ce monde d'un jour et sans lendemain, se tourne de tous les côtés, se précipite sans boussole dans toutes les directions. Il va aux sociétés coopératives ; il compte sur les chambres syndicales ; or, ces institutions philanthropiques ne lui rendront aucun service sérieux, tant que la religion en sera exclue. Quelquefois il s'adresse plus mal encore, et nous pouvons le perdre pour toujours !...

« Dans ce même lieu, il y a un an, je disais que si la maison du Cercle devenait promptement trop petite, je ne m'en plaindrais pas... — Je comptais, Messieurs, sans la fécondité dont il a plu à la Providence de récompenser nos efforts. A cette date de septembre 1875, mon langage avait surtout le devoir d'être humble ! Aujourd'hui, d'autres préoccupations nous sont permises, tout en persévérant, bien entendu, dans une inébranlable confiance en Celui qui peut aussi bien convertir une maison modeste en un grand édifice que le sénevé en un arbre majestueux.

« J'ai tenu seulement à ne point vous céler un objet aussi important, à ne point vous dissimuler le danger qui commence à naître, et je fais appel à tous ceux d'entre vous qui pourraient nous aider à le conjurer.

III

« Et maintenant, Messieurs, quelles seront les conséquences que produiront ces Associations mues par un même esprit, unies dans une même prière, venant puiser au même autel les lumières, les grâces et les forces indispensables ? — Ces conséquences seront ce que nous les ferons. La terre et les arbres paient au cultivateur et au jardinier un tribut de moissons et de fruits proportionné à la quantité de sueurs qu'ils ont répandue. Il en est de même dans la culture morale. Si nous sommes mous ; si, pour nous éviter de la peine, nous ne travaillons qu'avec indolence ; si nos cœurs, nos bras et nos bourses ne font que s'entr'ouvrir, nous recueillerons une maigre récolte ; si, au contraire, notre dévouement, ce dévouement que nous avons promis, est grand et

généreux, nos greniers crouleront sous l'abon-
dance.

« Et ici, Messieurs, je ne crains pas que nos
espérances s'égarent à la poursuite d'un vain
idéal, car ce qui est impossible aux utopistes et
aux philosophes, ce qui est un leurre quand c'est
promis par les ambitieux qui s'intitulent humani-
taires, peut devenir une réalité par la grâce de
Dieu.

« L'ouvrier oubliera les sentiments d'envie qu'on
a semés dans son cœur ; ramené à la vraie notion
de la vocation de l'homme, il ne croira plus à
une égalité chimérique, à ce décevant mirage de
la fortune pour tous au sein d'une oisiveté idiote,
comme si la fortune échappait plus que l'esprit,
la beauté ou la santé, à la libre dispensation de la
Providence ! En retrouvant Jésus-Ouvrier dans
son atelier, il ne méprisera plus et ne maudira
plus le travail. Il l'honorera, il l'aimera, et s'esti-
mera heureux, sachant que la voie qui lui a été
tracée est celle qui mène le plus facilement et le
plus sûrement au salut, sa fin dernière.

« Avec le respect de la loi de Dieu, dont il ne blasphémera plus le nom et dont il ne profanera plus le jour, il retrouvera le respect de son père et de son patron. Il ne verra plus en ce dernier l'ennemi, le tyran devant qui on se tait, et qu'on injurie par derrière, il verra en lui le représentant de l'autorité divine et paternelle, l'homme chargé de l'instruire, de lui procurer la vie matérielle, religieuse et morale, le compagnon nécessaire et dévoué de ses rudes travaux.

« Au contact de camarades honnêtes et bien élevés, le goût de la mauvaise compagnie se perdra ; le Cercle lui fera prendre en antipathie le cabaret ; sa bourse, celle de son père, sa santé, la paix de sa famille, s'en trouveront bien. L'instruction appropriée à son état, qu'il recevra dans les soirs d'hiver, développera son intelligence et lui facilitera les moyens de gagner honorablement sa vie. En un mot, le niveau de toute sa personne s'élèvera, et un jour, l'apprenti, l'ouvrier chrétiens deviendront des défenseurs héroïques de la Patrie, comme les soldats de Lamoricière, de Charette et de Sonis, puis des pères vraiment dignes de ce nom !

« Or, qu'est-ce que tout cela, Messieurs, sinon le rétablissement de toutes les choses à leur place, c'est-à-dire le règne du Christ restauré dans la vie pratique, en attendant qu'il le soit dans les institutions ; la charité fraternelle substituée à la haine et à la discorde ; la paix sociale dans la cité et dans le pays ? N'est-ce pas le pardon enfin accordé à la Patrie repentante, et la France reprenant, à côté de sa mère l'Église, le cours de ses merveilleuses destinées !...

« Voilà ce que nous voulons, voilà ce que nous pouvons par l'Association catholique, voilà pourquoi nous continuons à faire appel aux hommes de bonne volonté. Tous, Messieurs, y répondront quand on se sera rendu un compte exact de nos intentions chrétiennes et patriotiques. »

CHAPITRE X

Saint-Malo

PROGRÈS DU CERCLE — INAUGURATION
DU NOUVEAU LOCAL

(1877)

Dès les premiers jours de l'année 1877, le
premier local du Cercle devenait mani-
festement insuffisant. L'Œuvre ne comptait pas
moins de deux cents membres ; on ne pouvait
plus se tenir ensemble dans la chapelle ; il y avait
même danger à grouper plus longtemps autant
de monde dans des salles qui n'avaient pas été
construites pour porter un poids pareil. M. Michel

lança sans tarder à ses concitoyens un chaleureux appel dont nous constaterons bientôt l'heureux effet. Jamais installation provinciale ne fit autant de bruit. De Paris, on écrit au Président de Saint-Malo pour avoir copie des actes de fondation, on veut les faire imprimer comme modèles pour la France entière. De Segré, de Versailles, de Rouen et de plusieurs autres villes affluent les demandes de renseignements. En retournant les pièces prêtées, le Procureur de la République de Rouen écrit à M. Michel : « Dans notre grande ville nous aurions de la peine à réaliser les grandes choses que vous avez su faire à Saint-Malo ; mais votre exemple nous encourage. » La dernière phrase de la même lettre est à retenir : « Je me suis déjà entendu avec mes confrères du Comité pour recourir plus souvent que par le passé au grand moyen de succès que vous m'avez si bien recommandé : *la prière.* » Le secret de M. Michel nous est ainsi révélé : l'apôtre des ouvriers n'était ni un intrigant ni un ambitieux, comme on s'est plu à le représenter dans certains milieux ; c'était un militant qui puisait toute sa force dans la prière fervente et dans la réception pleine d'amour et de foi de la sainte Eucharistie. Loin de cacher son secret aux autres, il aimait à le divulguer et à le conseiller à ses frères.

On a peine à comprendre comment M. Michel pouvait suffire à tout : les affaires de son tribunal étaient rondement menées, ses jugements nettement rédigés ne se faisaient point attendre. Les intérêts politiques du pays ne le trouvaient pas indifférent : il avait les relations les plus étendues avec les députés, les sénateurs, les dépositaires de l'autorité civile et religieuse dans le département. Le cardinal Brossais Saint-Marc l'entourait de « sa plus tendre estime » et « partageait entièrement sa manière de voir » sur les candidatures à présenter et le mouvement à imprimer aux élections.

Les adhésions des sociétaires de l'Œuvre de Saint-Malo allaient sans cesse en augmentant. En juin 1877, on atteignait le beau chiffre de cent soixante-dix : « on y voit figurer trente-cinq prêtres,

quatre officiers, dix-huit Frères des Écoles chrétiennes et les personnes les plus considérées de
la cité. » Les méchants sont terrifiés et se tiennent
en silence : leur heure, hélas ! viendra trop vite.
Les ouvriers enrôlés étaient au nombre de cent
vingt-cinq à cent trente. Un peu moins nombreux
que les sociétaires, ils s'étaient laissés mieux
pénétrer de l'esprit de l'Œuvre. « Leurs mœurs,
dit le rapport annuel, se sont sensiblement amé-
liorées. Dans les ateliers, on n'entend plus de
blasphèmes, le travail du dimanche a cessé, la
liberté religieuse est respectée ; les rapports de
patrons à patrons et de patrons à ouvriers sont
devenus plus chrétiens. Les uns comprennent
mieux leurs devoirs d'autorité et de charité ; les
autres, leurs devoirs de fidélité et de respect. Le
niveau de l'intelligence s'est élevé par la commune
fréquentation, par les idées échangées, par les
admirables rapports du Président-Ouvrier, les
discours, les conférences, etc. Au sein du Cercle
prospèrent une Société de Secours mutuels et,
chose plus extraordinaire, une Œuvre de prières

pour les membres les moins fervents. Les exercices religieux sont suivis avec assiduité; les
sacrements sont fréquentés à toutes les fêtes. Aux
jours de procession, derrière le dais ou la statue
de la Vierge, on marche en un groupe compact
et imposant de plus de trois cents hommes. »
Il faut de toute nécessité songer à un local plus
vaste, plus digne des résultats obtenus. La sympathie entoure M. Michel et son Œuvre. En
quelques semaines, le terrain est trouvé, la Société
d'acquisition est formée, la somme nécessaire,
plus de cent mille francs, est donnée par les âmes
généreuses, et l'inauguration du nouveau local
a lieu le 9 septembre 1877. Ce fut une fête générale dans le Saint-Malo catholique. Voici le
magistral discours que prononça dans cette circonstance le Président du Comité, dont le cœur
débordait de joie. Il s'y montre si parfaitement
l'enfant de la Providence, il y fait si bien ressortir
les grands côtés de l'Œuvre des cercles, que nous
n'en supprimerons pas un mot.

« Messieurs,

« Une telle réunion, dans un pareil local, ne semblera à personne un de ces faits ordinaires qui frappent les yeux sans imposer l'attention. Nous n'avons certes pas la pensée de crier au miracle ; mais, d'un autre côté, qui pourrait être assez présomptueux pour s'arroger le mérite d'un si étonnant résultat ? — A coup sûr, ce ne sont pas les quelques hommes de bonne volonté qui ont pris l'initiative de l'entreprise ! Ceux-là savent, et ils se le disent bien haut, qu'ils n'ont été que de faibles instruments ; qu'une force supérieure a dirigé leurs pas, fortifié leur courage, éclairé leur intelligence et tout mené à une heureuse fin.

« Par quel phénomène scientifique ou moral expliquera-t-on le spectacle qui vous a été donné ce matin dans notre modeste chapelle ? Qui a pu réunir autour de la même bannière cette masse d'hommes de conditions si diverses, tous chrétiens sans doute, mais disséminés dans le monde, isolés par une timidité funeste ou divisés par l'opinion ? Qui a pu vaincre leur résistance ? Qui leur a ouvert les yeux sur les dangers que tant d'autres nient avec obstination ? L'évidence de ces dangers n'explique rien, puisqu'elle ne frappe pas tout le monde, et l'énergie de la volonté ne suffirait pas à une pareille tâche. — Non ! c'est une autre puissance qui a groupé ces hommes instruits ou ignorants, riches ou pauvres ; qui les a fait se serrer la main, se jeter ensemble aux pieds de Dieu leur père, s'asseoir à la même table, se reconnaître pour frères à la fraction du pain, saisir l'étendard du salut et voler à la défense de la France en péril. Ici, comme toujours, le surnaturel éclate dans une superbe manifestation et l'on ne peut qu'admirer et adorer.

« A Dieu ne plaise qu'en inaugurant solennellement ce nouveau local nous agissions sous l'impulsion d'une prétentieuse et ridicule vanité ! Ce que nous avons voulu, en vous appelant ici, c'est surtout vous communiquer les sentiments qui débordent de nos âmes, vous faire connaître notre œuvre, vous en révéler l'importance, vous remercier de la sympathie que vous lui avez déjà témoignée, vous apprendre à l'aimer, et, s'il se peut, vous gagner complètement à elle. Jusqu'à ce qu'elle soit connue (et il faudra pour cela bien du temps encore), notre devoir est de l'annoncer; la faire comprendre, c'est assurer son triomphe; jamais meilleure occasion d'en parler ne pourra s'offrir à nous; vous ne me pardonneriez pas de n'en pas profiter.

« Qui sommes-nous donc et que voulons-nous? En deux mots, le voici : nous sommes une œuvre de légitime défense.

« Catholiques et Français, nous avons deux amours au cœur : l'amour de l'Église, mère de la France, et l'amour de la France, fille de l'Église. Or, depuis plus d'un siècle, un odieux complot est ourdi contre ces objets de notre affection par la Révolution, et ce complot est sur le point d'aboutir. En présence de ce danger, une armée petite encore mais vaillante est accourue; elle a pris pour drapeau le *labarum* et elle marche à l'ennemi avec une confiance qui ne sera pas déçue, car, on ne saurait trop le répéter, Pie IX l'a surnommée « l'armée de Dieu ».

« Oh ! je n'ignore pas, Messieurs, qu'il y a des hommes aveugles ou énervés qui se refusent à croire à tout ce qui troublerait leur égoïste ou indolente sécurité, et qui, comme César avant de mourir, s'enveloppent la tête d'un manteau afin de ne pas voir le coup qui les menace. Je n'ignore pas non plus que des adversaires plus habiles nous combattent tantôt par un sourire sardonique ou un mot d'ironie, tantôt par quelque grosse calomnie énoncée dans un néologisme perfide. Cela tient à ce que pour les uns nous sommes des importuns et pour les autres un sujet si redoutable de crainte qu'en nous désignant du doigt ils s'écrient devant toute la France : « Voilà l'ennemi ! »

« Qu'importe ? Aux premiers, qui ne sont souvent que de braves gens égarés, nous répondons par les faits dont se compose l'histoire de chaque jour ; quant aux seconds, il n'y a pas à discuter avec la mauvaise foi. Tout en priant pour eux, nous les combattons résolument. C'est une lutte implacable entre leur dieu qui s'appelle la jouissance et le nôtre qui s'appelle Jésus-Christ crucifié ; entre eux qui veulent faire de la France une nation en décadence et nous qui, en la ramenant à ses institutions chrétiennes, voulons lui rendre sa verte jeunesse et l'auréole de sa gloire. Si l'issue de la bataille pouvait être douteuse, ce serait assez de l'honneur d'avoir combattu pour de si grandes choses !

« J'ai lu dans l'histoire d'Alexandre qu'un jour, le roi de Macédoine, son père, faisait monter en présence de la cour un cheval que personne n'avait pu dompter. Aucun des écuyers n'y réussissait, une sorte de terreur s'emparait à chaque instant du noble animal, il s'emportait et avait bientôt désarçonné les cavaliers. Alexandre, témoin de ces essais, avait cru remarquer que le cheval avait peur de son ombre. Saisissant tout à coup le mors, il tourna la tête de Bucéphale du côté du soleil, de façon à ce qu'il ne se fît plus d'ombre autour de lui, et sauta en croupe. Immédiatement Bucéphale devint docile, il cessa toute résistance et depuis lors il devint le compagnon de travail et de triomphe du prince qui avait su le dompter. Nous aussi, nous cherchons à dompter un coursier fougueux, l'opinion publique. Comme le cheval d'Alexandre, elle a souvent peur de son ombre ; mais qu'on ait le courage de la prendre par la bride et de la mettre en face de la vérité, ses terreurs disparaissent et elle suit docilement la main qui a osé lui montrer le véritable chemin à suivre. C'est ce que nous voulons essayer de faire aujourd'hui.

I

« Sommes-nous, Messieurs, le jouet d'une hallucination en signalant le danger de l'Église et de la patrie ? Plût au ciel ! Mais comment douter, hélas ! en face de la triste réalité !

« Aux premiers jours du monde, le père du mensonge, qui avait déjà échoué dans une sédition antérieure près de ses frères les anges, tenta l'homme à son tour, le provoqua à se révolter contre la loi du Créateur et le séduisit par cette parole : « Désobéis et tu deviendras Dieu toi-même. » Vous savez ce qui arriva.

« Eh bien ! cette parole trompeuse est la synthèse de toute la Révolution ! Désobéis, c'est-à-dire insurge-toi contre toute autorité légitime ; — tu deviendras un dieu, c'est-à-dire, tu seras ton maître, tu seras libre, tu n'auras plus de supérieurs et tu jouiras au gré de tes appétits, sans avoir de compte à rendre à personne. — Orgueil insensé, négation de Dieu ou autrement athéisme, rébellion injuste, fausse notion de la liberté et de l'égalité, souveraineté de la jouissance ou matérialisme, tout y est ; et, vous le voyez, Satan, plus fort que ses modernes disciples, formulait d'un seul mot toutes les thèses qu'après six mille ans la libre-pensée reproduit comme des nouveautés. Une seule chose avait été par lui omise, et bien à dessein ; c'était l'avis du châtiment héréditaire qui devait suivre la première faute, et cependant ce châtiment en fut le seul résultat.

« Depuis lors, la Révolution n'a plus quitté la terre. Sans doute, au grand mal qui venait de frapper l'humanité tout entière, Dieu, dans sa miséricorde, voulut bien opposer le grand remède de la Rédemption, mais la nature déchue de l'homme ne devait plus changer ; et si aujourd'hui même nous nous donnons la peine d'écouter ce qui se dit autour de nous, nous entendons sans cesse retentir à nos oreilles la promesse fallacieuse du grand menteur : Désobéis et tu deviendras Dieu. Nous verrons que cette parole est encore écoutée ; que non seulement des individus, mais que des nations entières s'y laissent tromper et que la France est du nombre.

« Dieu a créé des lois générales pour régir la vie privée et la vie sociale et l'observation de ces lois est la condition de leur existence.

« Il a d'abord ordonné à chacun de nous de l'aimer et de le servir en obéissant à ses prescriptions ; il veut ensuite que nous aimions nos

frères, c'est-à-dire tous les hommes, comme nous-
mêmes. Il a réparti inégalement ses bienfaits et
ses faveurs, donnant beaucoup aux uns, peu aux
autres, se bornant à fournir à tous les moyens
d'atteindre la fin pour laquelle ils ont été créés,
et nul ne peut ni murmurer ni protester au nom
d'une prétendue égalité inventée par nous-mêmes,
parce que la volonté divine est à la fois infiniment
juste et infiniment puissante. Il a d'ailleurs donné
à l'inégalité son contre-poids naturel, la Charité,
qui fait que si l'un manque sans avoir le droit
de revendiquer, celui qui possède a l'obligation
étroite de venir au secours de son frère malheureux ; en sorte que la haine, la jalousie, l'envie
n'ont même pas de prétextes et qu'au rebours de
ce qui est enseigné par les écoles du philoso-
phisme, la vie présente n'est qu'un tissu de
devoirs dont l'accomplissement est garanti par les
promesses ou les menaces de la vie future.

« Mais Dieu ne nous a pas faits pour vivre
seuls. Il a voulu que nous vécussions en société.
La création de l'homme et de la famille, la Révéla-

tion, notre propre nature le démontrent à suffire.
Dieu donc se désintéressera-t-il de la société dont
il est le maître et seigneur aussi bien que des
particuliers? Il ne le fera pas et il lui dictera
aussi ses lois. Comme l'individu, la société devra
à son auteur l'hommage de son adoration et de
son obéissance. Comme lui, elle devra avoir son
culte, et, comme lui encore, respecter la morale
parce que la morale est universelle. Elle aura
l'obligation de protéger ses concitoyens dans leurs
personnes, dans leurs biens. Elle reconnaîtra que
la propriété, que l'hérédité sont d'institution divine
et qu'on ne saurait les réglementer arbitrairement.
Elle sera tenue, elle aussi, à la justice envers les
peuples voisins et elle ne pourra pas, au gré de
ses caprices, les opprimer ou les dépouiller injustement. Voilà ce que Dieu exige d'elle, et si la
Révolution vient à la faire sortir de la voie qui lui
a été tracée, comme dans l'autre vie elle ne peut
être punie en tant que nation, Dieu saura bien la
punir en ce monde soit par des fléaux, soit par
des discordes intestines, soit par l'invasion étran-

gère, et par de cruels démembrements, soit même, si elle persiste dans sa révolte, en la rayant de la liste des peuples, et l'histoire est là, non seulement l'histoire ancienne, mais l'histoire contemporaine, avec ses cuisants souvenirs, qui se chargent de prouver que les sociétés ne violent pas impunément les ordres de Celui par qui seul elles existent.

« Maintenant, étant données ces lois souveraines qui sont la règle immuable dictée à l'homme et à la société, lois naturelles et révélées, essentiellement différentes de ces autres lois qu'on appelle positives et dont l'application a été confiée aux juges de la terre, qui en sera l'interprète et le gardien ? Nous le savons, nous Catholiques, ce sera l'Église et son Pontife, car seule, une autorité infaillible a qualité pour imposer des solutions obligatoires à la conscience. Aussi nous sommes-nous empressés d'écrire au frontispice de nos constitutions que nous acceptions toutes les définitions de l'Église sur les rapports qui doivent exister entre elle et la société civile. Nous sommes convaincus que

hors de ces définitions il n'y a qu'erreur et mensonge ; nous croyons que s'en écarter c'est courir
à la mort sociale.

II

« Oui, voilà bien la théorie, voilà bien la vérité et
un libre-penseur pourrait seul y contredire. Mais
dans la pratique où en sommes-nous ? Un rapide
coup d'œil jeté autour de nous va nous l'apprendre.
De quelque côté que l'on se tourne, on n'aperçoit
que compétitions ; de presque toutes les lèvres
s'échappent des murmures, un malaise général
pèse sur toutes les âmes. A l'union fraternelle
s'est substitué l'antagonisme qui désorganise la
famille, l'atelier, tous les autres groupes sociaux ;
la Charité, dont le nom seul excite les colères
radicales, a été remplacée par une rivalité jalouse ;
l'égalité chimérique a déclaré la guerre à l'inégalité
providentielle ; les droits de l'homme ont usurpé
sur les droits de Dieu, que dis-je ! on a voulu
même biffer Dieu, et plusieurs croient y avoir

réussi. — Alors tout s'est écroulé; la paix et la gloire se sont enfuies avec la Foi; comme des bêtes sauvages au milieu des ruines, les hommes se sont rués les uns sur les autres, s'égorgeant pour s'arracher cette proie tant désirée qui s'appelle la jouissance et les sanglantes hécatombes de 1793 et de 1871 ne paraissent pas avoir épuisé leur rage. L'ange de la France s'est voilé la face et sa main ne fait plus que nous retenir au-dessus de l'abîme entr'ouvert sous nos pas. Nous laisserons-nous engloutir ? Telle est, dans sa redoutable simplicité, la question de l'heure présente.

« A cette question, Messieurs, l'œuvre des Cercles catholiques d'ouvriers répond énergiquement : non ! Et c'est pour s'opposer à cette déchéance définitive qu'elle s'est levée toute frémissante de patriotisme. Non, la France ne périra pas ! Non, elle ne laissera pas en Europe un vide qu'aucune autre nation ne saurait combler. Si par ses blasphèmes et ses exemples elle a éloigné le Christ, le Christ ne s'est pas complètement retiré d'elle et il l'aime encore : *Christus diligit Francos !*

Mais il veut qu'on le rappelle, il veut qu'on aille à lui, qu'on lui rende la place qui lui a été dérobée dans nos institutions et dans nos lois, et à ce prix la patrie sera sauvée.

« Nous obéissons à ce désir, Messieurs, et, sans prétention comme sans faiblesse, nous venons vous dire : notre œuvre, essentiellement sociale, a été fondée dans le but de sauver la France et, la croix aidant, elle y parviendra. Venez à nous, vous tous qui êtes ses nobles enfants, et travaillons ensemble. Le chemin nous est tout tracé pour arriver au rétablissement de l'ordre social chrétien ; il s'agit de faire revivre les lois primordiales dont nous parlions tout à l'heure, mais il le faut absolument et tout de suite, sous peine de périr.

« Pour un pareil labeur, ce n'est pas trop du concours de tous. Pour être utile, le travail doit être partagé. Laissant au clergé la mission d'enseigner qui n'a été donnée qu'à lui, les laïques doivent seulement veiller à ce que les institutions dont le jeu leur a été confié ne s'écartent pas de

la vérité chrétienne. Au prêtre, l'église, la chaire
et le dogme ; aux laïques le salon, l'atelier, la
presse, la tribune, les luttes de toute sorte qu'il
faut soutenir au profit du bien contre le mal.
Chacun a son lot. Aux chefs des peuples appartient le soin de ramener le Gouvernement à la
pratique du Décalogue, cette charte merveilleuse
de l'humanité tout entière, sans distinction de
latitude ou de régime. A eux encore le soin de
protéger et de défendre l'Église. — Les Capi-
taines, se rappelant que le Dieu du ciel est aussi
le Dieu des armées et que de lui dépend la victoire, ont la charge de concilier l'accomplissement du devoir patriotique avec celui du devoir
envers le maître suprême. Ce n'est pas seulement
la vie, c'est l'âme du soldat qui est entre leurs
mains, et, s'ils sont parfois obligés de sacrifier
la première, ils doivent faire tous leurs efforts
pour sauvegarder la seconde. Là surtout gît la
plus lourde de leurs responsabilités.

« Que dirais-je de celle du législateur ou du
magistrat qui n'ait été depuis longtemps minu-

tieusement détaillé à chaque page de ces écrits inspirés dont l'ensemble forme cet ouvrage sublime et surhumain qui s'appelle *le Livre* par excellence ?

« Au savant, à l'homme instruit incombe le devoir d'éclairer ses frères. Ceux-là sont coupables qui mettent la lumière sous le boisseau ou qui s'en servent pour égarer les hommes.

« Le riche a entre les mains le moyen de les secourir. La fortune n'est qu'un dépôt, et, malgré les excès que nous voyons tous les jours, le superflu n'est autorisé que quand personne ne manque du nécessaire.

« Le patron doit à ses ouvriers affection et justice ; il leur doit de plus l'exemple de la vertu ; en échange, ses ouvriers lui doivent respect et fidélité.

« Tous doivent à Dieu, à l'Église, à la Patrie, un amour et un dévouement sans bornes.

« L'œuvre des Cercles catholiques d'ouvriers a demandé à prendre sa large part dans ce travail commun de la régénération française. Ne pouvant

embrasser d'un seul coup les trente-six millions
de citoyens, elle s'est taillé une tâche spéciale,
celle de prodiguer son dévouement à la classe
ouvrière et de l'élever à la hauteur de ses destinées. Pourquoi a-t-elle choisi ce rôle ? On vous
l'a dit souvent dans les réunions du Cercle :
parce que la classe dirigeante ayant autrefois, par
sa conduite et ses détestables doctrines, chassé
Dieu du pays et surexcité, avec les appétits,
toutes les passions populaires, il n'est que juste
qu'elle essaie de réparer le mal qu'elle a fait ;
ensuite, parce que de toutes les victimes de la
Révolution qu'elle a causée, l'ouvrier ayant été
la plus malheureuse, c'était par lui que la réparation devait commencer.

« Ce but une fois bien déterminé, l'œuvre a
dû rechercher le meilleur moyen pour l'atteindre.
— On reçoit souvent de bonnes leçons de ses
adversaires ! Elle a donc examiné comment pro-
cédaient les amis du mal et, en voyant avec quelle
facilité se multiplient les sociétés secrètes avouées
ou dissimulées ; en étudiant d'autre part les pro-

pensions de la nature humaine, elle n'a pas tardé à comprendre que le grand moyen de succès, le plus naturel et le plus sûr, était le principe d'association. Elle y a eu recours, en laissant de côté les mystères et les ténèbres qui ne conviennent qu'aux entreprises malsaines, et elle s'est mise à fonder ouvertement et légalement, comme il convient aux honnêtes gens, des associations particulières reliées entre elles par la communauté des idées et à la réunion desquelles elle a donné son nom.

« Nous allons les passer successivement en revue, mais très brièvement, afin que chacun de ceux qui n'en ont pas encore entendu parler puisse en conserver au moins une idée générale.

III

« La première association qu'on rencontre dans notre œuvre est composée d'hommes appartenant à la classe dirigeante. A sa tête se trouve un comité. Ses membres s'unissent par un léger lien de prière. Son objet immédiat est le dévouement envers l'ouvrier. C'est elle qui doit faire les premiers pas vers lui, lui tendre la main, lui signaler les pièges qu'on lui dresse, détruire, à force de désintéressement, les préjugés que la Révolution a élevés comme une barrière entre les citoyens, lui parler le langage de la vérité, lui montrer à nu le mal qu'une philosophie immonde a fait à son pays et à lui-même, lui rappeler ses devoirs de religion, de famille, d'atelier, et aussi, hélas! les devoirs si peu connus et si mal pratiqués de la vie sociale; par-dessus tout lui faciliter la résignation en lui montrant que le travail est une charge commune à tous, que le travail manuel est encore le moins dangereux pour l'esprit et le cœur, et que de toutes les voies qui mènent au bonheur futur, la voie de l'ouvrier chrétien est encore la plus facile.

« Et, comme les paroles sans les actes ressemblent au son qui se perd dans les airs, l'association dirigeante s'efforce de procurer à l'ouvrier les moyens d'améliorer matériellement sa situation. Elle lui offre d'abord de s'associer à son tour pour défendre ses intérêts religieux et professionnels, car, on l'a dit, il y a longtemps, l'union c'est la force. Elle met à sa disposition, sous le nom de Cercles, des locaux comme celui-ci, où, loin des malveillants, en toute liberté, sous l'œil affectueux d'un directeur paternel et avec l'aide d'un aumônier zélé, il peut, en compagnie des camarades qu'il se choisit lui-même, remplir ses obligations de chrétien, recevoir dans des cours ou des conférences, ou au moyen de la lecture, l'instruction qui lui manque; enfin, se procurer gratuitement les honnêtes délassements qu'il a si bien mérités par le travail de sa journée. C'est vous dire que le Cercle est, à tout point de vue, le contre-pied du cabaret, où l'on s'amuse mal, où l'on ruine sa bourse, celle de sa famille et souvent sa santé et son âme.

« Puis encore, l'association dirigeante cherche à créer, au profit de l'ouvrier sage et prévoyant, des institutions économiques qui puissent l'aider dans les mauvais jours et le préserver des misères qu'engendrent la maladie et le chômage. C'est ainsi que beaucoup de Cercles possèdent des caisses qu'on appelle : caisse de secours, d'épargne ou de famille ; c'est ainsi que vous avez vu s'établir dans le nôtre une société de secours mutuels, si chrétienne par ses principes, et qui, malgré l'exiguité de ses ressources, a déjà rendu tant de services ! Pour prouver cette dernière affirmation, qu'il me suffise de dire que dans le courant de l'année elle a pu verser une somme de huit cents francs à des sociétaires qui, sans ce secours, eussent été sans doute très malheureux.

« Enfin, de plus hauts projets sont à l'étude. Il y a eu autrefois, et par conséquent on peut trouver encore aujourd'hui, des formes d'association qui permettent de concilier les intérêts du capital et du travail, de sauvegarder la dignité et la loyauté professionnelles, en élevant le niveau artistique de la main-d'œuvre. Les socialistes aussi s'occupent de cette recherche ; mais ils partent de cette erreur qu'il y a opposition entre l'intérêt du patron et celui du travailleur, tandis qu'il est vrai que ces intérêts se confondent. Cette école ne se propose pas autre chose que de substituer une victime à une autre et d'élever le travail sur les ruines du patronat. Tous les économistes, catholiques ou non catholiques, se préoccupent également de la question. Les sociétés coopératives, les chambres syndicales, sont des essais et des tâtonnements qui ont été plus malheureux qu'heureux jusqu'ici. Qui sait si la solution du problème ne se trouvera pas dans le retour tant désiré par nos adversaires comme par nos amis à la Corporation dépouillée des abus que notre temps ne rendrait plus possibles? Il y a là plus qu'une espérance : la possibilité est déjà démontrée et chaque jour d'étude avance d'un pas la réalisation.

« Voilà, Messieurs, les choses auxquelles, nous membres du Comité local, nous avons promis de consacrer notre vie. Nous agissons sans arrière-pensée ; nos intentions sont pures de tout intérêt personnel ou de parti ; nos lèvres ne réclament jamais de services politiques ; le bonheur de nos

amis les ouvriers, en ce monde et en l'autre,
voilà notre unique préoccupation, et ils le savent
bien. Aussi n'est-ce pas de leur côté que d'ordinaire viennent nos douleurs.

« Malheureusement les hommes qui devraient
être les plus éclairés et qui, dans tous les cas y
sont le plus intéressés, ne comprennent pas toujours la nécessité d'une puissante association de
résistance. Ballottés pendant tant d'années entre
la centralisation du pouvoir et les excès de la rue,
ils sont peu à peu devenus sceptiques et ils ont
perdu l'habitude de l'initiative. Leur esprit, faussé
par des sophismes séculaires, croit facilement que
la religion est une affaire privée, et que les
affaires publiques n'ont pas besoin d'elle.

« De là, dans la vie sociale, cette attitude souvent si lamentable, qui semble moins puiser ses
aspirations dans la conscience et le devoir que
dans je ne sais quelle malice gauloise aujourd'hui
hors de propos; de là encore cette apathie qui
se laisse aller sans scrupule jusqu'à l'abstention,
comme si le salut ou la perte de la France n'était

pas le terme auquel aboutissent nécessairement ces procédés. Quand parfois, à travers leur léthargie, ils aperçoivent le danger, la peur les prend et ils voudraient bien se sauver ; mais, dans ces moments-là même, ils aiment mieux compter sur la force publique de l'État que sur leur propre énergie. Pour eux, tout sentiment élevé ou profond, fût-ce même l'amour de son Dieu ou de son pays, est une exagération ; le moindre effort, une peine insupportable. — Il ne faut plus qu'il en soit ainsi ! Sachons bien que dans le désarroi des idées, dans la confusion des principes, dans le choc des prétentions dont nous sommes les témoins, nous ne devons compter que sur deux appuis : sur Dieu et sur nous-mêmes. A nous donc les hommes de bonne volonté ! A nous les hommes intelligents et résolus, et que Dieu ait pitié des autres !

IV

« Au milieu de cette association générale des hommes de la classe dirigeante, on en remarque

une particulière, formée par quelques-uns d'entre
eux, et dont l'influence sera immense, quand elle
aura pris vraiment à cœur le travail qui lui est
confié : je veux parler de l'Association des Patrons
chrétiens.

« Le rang qu'occupe le patron dans la société,
l'autorité dont il est investi dans son usine ou
son atelier, témoignent assez qu'il a de grands
devoirs à remplir. — Le besoin qu'il a de l'ouvrier, la guerre absurde, mais persistante, déclarée
au capital dont il dispose, ne prouvent pas moins
combien il est intéressé à la conservation de l'ordre
social. Qu'il comprenne bien ses devoirs et ses
intérêts, et son entier concours nous est assuré !

« Disons d'abord un mot de ses devoirs. Le
premier et le plus important, à coup sûr, c'est
l'exemple. Comment pourriez-vous exiger de vos
subordonnés ce que vous ne pratiqueriez pas
vous-même ? Substitué au père de famille, le
patron doit le remplacer le mieux possible. Il doit
en avoir l'autorité, la bienveillance et le dévouement ; l'autorité, c'est-à-dire qu'il saura faire

respecter sa volonté dans son atelier ou son chantier ; la bienveillance, c'est-à-dire qu'à la fermeté il joindra la bonté, qu'il parlera à l'ouvrier et le traitera comme s'il était un de ses enfants ; le dévouement, c'est-à-dire qu'il ne se bornera pas à tirer de lui l'ouvrage nécessaire et à lui en remettre le prix. Au salaire il joindra les conseils ; il s'inquiétera de sa santé, de sa conduite, de ses intérêts et de ceux de sa famille, et si la dureté des temps venait à l'exiger, il ne reculerait pas devant un sacrifice. Enfin, le patron sera juste, je veux dire par là qu'il ne donnera que des commandements légitimes, conformes à la loi divine et humaine ; qu'il n'exigera pas de l'ouvrier ce que celui-ci ne doit pas ou ne peut pas faire, et qu'il lui soldera consciencieusement son dû. S'il trouve sur son chemin un ouvrier sans travail ; si cet ouvrier se voit contraint de fuir un atelier irréligieux où il est persécuté, le patron chrétien l'aidera dans la mesure de ses forces, il le recueillera ou tâchera de lui trouver du travail. En un mot, en suivant les agissements du patron, chacun verra qu'il ne se laisse pas conduire par un égoïsme avide, mais par un sentiment de fraternité chrétienne.

« Or, le devoir social ainsi pratiqué par le patron ne tardera pas à produire ses résultats dont bénéficiera surtout le patron lui-même. L'ouvrier voyant qu'on le traite, non plus seulement comme un instrument de produit, mais comme un fils et un frère, aimera son patron. La jalousie fera place à l'attachement. Cet atelier, où on lui fera la vie douce, il ne le quittera pas facilement; pour le conserver, il sera obéissant et laborieux. L'ouvrage sera bien et vite fait, et la clientèle s'accroîtra. L'instabilité qui pousse au changement incessant de maîtres, disparaîtra. Patrons et ouvriers passeront ensemble de longues années, et peu à peu il s'établira entre eux des relations affectueuses qui feront de l'atelier comme un centre de famille. Ce jour-là, patrons, vous aurez créé à l'ouvrier un sort digne de lui, mais, en même temps, vous aurez réellement protégé votre capital, pacifié votre atelier, amélioré les conditions de votre vie, et rendu les plus grands services à votre pays.

« Mais, là encore, il ne suffirait pas d'un effort isolé !

« Il faut que tous les patrons ayant les mêmes devoirs et les mêmes intérêts se mettent simultanément à la besogne, et c'est pour cela que l'Œuvre des Cercles Catholiques d'ouvriers leur propose de s'associer, sous l'autorité du Comité, en vue de la fin que nous venons d'indiquer.

« A Saint-Malo, cette association existe et elle a déjà produit les meilleurs effets, au point de vue religieux et moral. Vous savez, Messieurs, ce que sont aujourd'hui les ateliers de nos patrons. Le blasphème et les conversations licencieuses en ont été proscrits, le dimanche est respecté, les rapports entre le chef et les ouvriers ont singulièrement perdu de leur ancienne froideur. Un effort encore, Messieurs les patrons ! Après avoir commencé comme vous le deviez, par penser à l'âme, pensez maintenant un peu à la partie matérielle de votre tâche. Étudiez dans vos déli-

bérations les conditions économiques sous lesquelles le travail de notre époque est obligé de
vivre, rendez-vous compte du mal et du remède ;
être chrétien, ce n'est pas seulement faire étalage
de sa foi et de belles théories, c'est surtout aimer
Dieu par-dessus tout et traiter ses frères comme
soi-même.

V

« J'en ai fini, Messieurs, avec l'association
dirigeante et j'arrive au Cercle, c'est-à-dire à
l'association ouvrière.

« A ce sujet, on ne saurait trop rappeler cet
article fondamental de nos statuts qui définit le
Cercle : « Une association catholique d'ouvriers
formée autour d'une chapelle. » N'oublions pas,
en effet, que notre Cercle n'est pas un café, ni
une salle de billards, ni un lieu où l'on vient
seulement pour s'amuser. Ne perdons pas de vue
qu'il s'agit du rétablissement de l'ordre social

chrétien, et que, contre le mal qui nous entraîne, nous voulons organiser la résistance. De là, notre appel à l'ouvrier et le rôle qu'il est appelé à jouer dans l'œuvre.

« Ce rôle est bien défini. Nos ouvriers s'unissent entre eux par l'affirmation d'une même doctrine catholique. Tous ont le même symbole, tous ont la même chapelle, le même lieu de réunion, tous entendent la même parole. Le local du Cercle est leur maison commune ; ils s'y administrent eux-mêmes, au moyen d'une magistrature qui porte le nom de *conseil intérieur*, et qu'ils ont élue en un jour solennel, après avoir accompli ou au moment d'accomplir le grand acte religieux qui met l'homme en communication directe avec Dieu, c'est-à-dire avec toutes les garanties de lumières et d'indépendance, en sorte qu'après avoir affirmé qu'ils sont chrétiens, ils apprennent à devenir des hommes et se préparent ainsi à remplir plus tard et ailleurs leurs devoirs de citoyens. Ah ! Messieurs, soyez certains que si le même esprit animait tous ceux qui participent aujourd'hui à la direction sociale, la France se relèverait bien vite et bien haut.

« Au Cercle, terrain commun des associés, l'ouvrier rencontrera des hommes qui ne sont pas de sa condition et qui, pourtant, se reconnaissent pour ses frères. Il y verra que si Dieu a voulu et créé des inégalités, ces inégalités, loin de déformer et de déparer l'édifice social, composent, au contraire, son harmonie. L'élévation d'autrui ne le blessera pas, il respectera le nom, la position, l'instruction, la fortune, et ne les enviera pas, sûr qu'il est que le jour où il aura besoin d'y avoir recours, ceux qui les détiennent, obéissant à la loi du souverain Donateur, les mettront à sa disposition. A mesure que l'inimitié et la défiance qu'on a suggérées à l'ouvrier sortiront de son âme, la confiance et la sympathie y entreront, et comme ce travail se fera en même temps dans le cœur des hommes de la classe dirigeante, les uns marchant ainsi au-devant des autres, ils arriveront bien vite à se joindre à cet heureux point où finissent les discordes et où commence la paix sociale.

VI

« Telles sont, Messieurs, les grandes lignes des Cercles Catholiques d'ouvriers. Le temps ne me permet pas de vous donner des détails sur l'organisation et la marche de ces diverses associations, dont je viens d'esquisser le tableau devant vous. Je ne puis désormais que vous en offrir un résumé rapide :

« Un Comité de l'œuvre, siégeant ordinairement à Paris, qui se charge de la propagation et du maintien de l'unité ;

« Des Comités locaux, créant et soutenant les cercles ;

« Des membres de l'œuvre, aidant de leurs prières, de leur bourse et de leur travail leurs confrères des Comités ;

« Des Comités de patrons, s'occupant de refaire l'atelier chrétien et de chercher les moyens d'améliorer la situation de l'ouvrier ;

« En quelques villes, des dames patronnesses se
chargeant de procurer des ressources financières
aux Comités et de faire acte de dévouement
envers la famille ouvrière.

« Des Ouvriers unis par leur foi et par leurs
principes sociaux.

« Des Cercles où ces ouvriers et nous puissions
nous rencontrer et raviver nos sentiments de fraternité chrétienne.

« Voilà le faisceau de nos forces, voilà les
armes que nous mettons au service de l'Église et
de la France; voilà notre but tout entier et sans
réticence, voilà l'œuvre que nous avons com-
mencée, il y a deux ans, et pour laquelle nous
vous avons si souvent fait appel.

« Grâce à Dieu elle a grandi, et le local de la
rue de Victoire serait devenu pour elle le lit de
Procuste si votre inépuisable générosité n'était
venue à notre secours. Ce local que nous tenons
de vous, Messieurs, représente une grosse somme
d'argent, quoiqu'il ait été édifié dans des propor-
tions modestes qui concordent bien du reste avec

l'esprit de nos institutions; mais il représente une somme bien plus grande encore de résultats acquis et d'espérances réalisables. Vous tous qui avez fréquenté l'ancien cercle et qui nous suivez fidèlement dans le nouveau, dites-moi, la main sur la conscience, n'avez-vous pas changé depuis deux ans? que de convictions se sont fortifiées! que d'amitiés sincères se sont nouées pour ne plus se rompre! que de froideurs ont cessé! que d'antipathies ont disparu! que d'idées élevées se sont développées! que de respect humain s'est effacé! que l'Église et la France sont mieux aimées et servies! Certes ce sont là de grands résultats; mais il ne faut pas s'arrêter, car, rien n'est fait tant qu'il reste quelque chose à faire. Au cercle de la rue de Victoire, nous n'avons fait pour ainsi dire qu'un apprentissage. Là nous avons appris à travailler, ici nous devons nous montrer bons ouvriers. Nous croîtrons sans doute en nombre, et tout a été ménagé pour nous faciliter ce développement. Cependant, croyez-moi, le nombre seul n'est pas la vraie force! attachez-vous surtout, dans vos

admissions, à choisir des hommes sérieux et des
camarades attachés à leurs devoirs. Redites-vous
sans cesse que l'œuvre des Cercles a moins pour
objet de ramener des égarés que de grouper les
éléments valides de la société. C'est ainsi que
nous formerons une armée saine et vigoureuse
qui préservera le pays des catastrophes vers
lesquelles des imprudents l'entraînent.

« Et maintenant, Messieurs, un mot de ce
bâtiment dont je prie Dieu de bénir les destinées.
Je tiens à exprimer la vive reconnaissance du
Comité à tous ceux qui nous ont fourni le moyen
de l'acquérir et de l'approprier. Vous le voyez, il
n'est pas tout à fait achevé et quoique nous
ayons apporté la plus stricte économie dans nos
dépenses, nos ressources s'épuiseront peut-être
avant qu'il soit complètement terminé ; mais tel
qu'il est, il peut nous recevoir ; la Providence par
vos mains saura bien couronner l'édifice.

« Messieurs les Membres du conseil intérieur,
au nom du Comité, je vous remets ce local.
Magistrats inamovibles du Cercle, gardiens de sa

bannière et de l'esprit de l'œuvre, c'est à vous qu'il appartient de prendre toutes les mesures pour qu'il reçoive sa véritable destination. Vous saurez y maintenir les sentiments d'union et de discipline, vous y entretiendrez la gaîté qui convient entre amis, vous administrerez avec fermeté sans vous écarter d'une charitable bienveillance ; vous ferez respecter votre autorité dans l'exécution des décisions que vous aurez prises ; en un mot, vous veillerez à ce que dans cette maison, tout se passe comme dans une famille bien élevée et bien réglée. Vous avez reçu ce mandat de la confiance de vos camarades, la nôtre vous est définitivement acquise par une expérience de deux années ; nous ne doutons pas que vous continuerez à vous montrer dignes de l'une et de l'autre. »

CHAPITRE XI

Saint-Malo

RELATIONS EXTÉRIEURES. — LES CONFÉRENCES.
LA RÉUNION DE LAVAL

(1878)

Le Cercle de Saint-Malo était en état désormais de réaliser « le type accompli de l'Œuvre », et, de Toulouse, où le retenait son commandement, l'officier supérieur qui avait assisté aux débuts de l'entreprise écrivait à M. Michel : « Je suis avec le plus vivant intérêt les développements de l'Œuvre de Saint-Malo, et je bénis le bon Dieu d'y seconder ainsi votre zèle ; votre succès est la démonstration pratique de l'Œuvre comme votre lumineux discours en est la démonstration théorique. »

De même que la lumière s'impose à tous les regards, le Cercle de Saint-Malo, par son activité et son entrain, attirait les yeux de tous ceux qui dirigeaient des Œuvres de même nom. Ce n'est pas seulement Cancale qui consulte pour acquérir des immeubles, Angers qui interroge sur le fonctionnement du Comité des patrons, Guingamp qui supplie pour une conférence « qui remonte tout » et rende la vie à son organisme étiolé à ses débuts : Lisieux et Toulouse, Besançon et Saint-Germain-en-Laye interrogent à leur tour M. Michel : « C'est en s'adressant à ceux qui sont arrivés que ceux qui restent en route peuvent espérer d'arriver. » Un des chefs de « l'Armée de Dieu » apprend que les sectaires veulent renverser le Cercle de Saint-Malo, il écrit aussitôt au Président : « L'acharnement avec lequel on vous poursuit témoigne d'une éclatante façon le bien qu'y fait l'Œuvre, puisse-t-elle par toute la France mériter les mêmes haines ! »

Un éminent jurisconsulte catholique a visité le Cercle; il y a même pris la parole avec autorité; peu de jours après, M. Michel reçoit une lettre d'où nous détachons ces mots : « J'ai vu combien profondes et vraies sont les sympathies que votre Œuvre rencontre à Saint-Malo, je n'ose pas louer votre dévouement, mais je l'admire de toute mon âme. »

« Il est certain, dit un Malouin qui a eu sa bonne part dans le succès de l'entreprise, il est certain qu'il eût été difficile de rencontrer ailleurs parmi une vingtaine d'hommes appartenant à des situations sociales bien distinctes, plus d'unité de vues, d'ardeur au travail, de dévouement, de résistance aux difficultés, d'action efficace enfin sur ceux dont on se proposait l'amélioration morale et matérielle. Nulle part ailleurs on n'eût rencontré plus d'attachement et d'affection de la part de ceux pour lesquels on travaillait. Certes, l'Œuvre des Cercles catholiques compte une belle page à Saint-Malo, — et ce remarquable résultat a eu deux causes principales : l'esprit profondé-

ment chrétien du Comité et la valeur personnelle
de son Président. »

Sans se laisser éblouir par les éloges, sans se
laisser intimider par les cris de rage, M. Michel
va droit son chemin. A l'exemple de son divin
Maître, il est en même temps un signe de contradiction et un gage de salut; il ne s'arrête pas
à épiloguer, il court à l'action; il y est tout
entier. Qu'il soit au milieu de ses ouvriers fêtant
les Rois à l'ancienne mode comme un père au
milieu de ses enfants : gai, simple, pétillant
d'esprit, débordant de bonté; qu'il soit au milieu
d'une société élevée, sympathique au fond, mais
insuffisamment éclairée sur le but de l'œuvre
nouvelle, il est toujours le même, apôtre de Jésus-
Ouvrier, semeur de la bonne parole; il se fait
tout à tous pour gagner tout le monde à sa cause
qui est celle du Christ. Les orages politiques
s'amoncellent, il s'en préoccupe, mais ne s'en
trouble pas. « Continuons à faire notre œuvre,
c'est-à-dire à aimer Dieu, l'Église, le Pape, la
France, nos frères, et surtout à prier et à tra-

vailler pour eux, n'oublions pas non plus les égarés (ils sont nos frères aussi), et si nous pouvions les convaincre que nous les considérons comme tels, à coup sûr nous avancerions singulièrement la question sociale. Nous n'avons, nous, qu'un ennemi, Satan ou le mal; pour ses victimes nous n'éprouvons que de la pitié et l'ardent désir de leur rédemption. »

Ce langage, qui est celui d'un saint, nous permet de comprendre les paroles qu'un prêtre rennais, aussi pieux que distingué, adressait à M. Michel déjà menacé d'être changé de siège par un gouvernement peu soucieux de conserver à Saint-Malo un Président aussi nettement catholique : « Je ne suis pas surpris, hélas! que l'on veuille vous extraire de Saint-Malo! vous y êtes la grande force antirévolutionnaire; comptez bien que le diable, à qui vous nuisez plus que tout le clergé malouin, mette tout en œuvre pour vous déplacer. »

Les vacances de M. Michel consistaient dans deux voyages annuels : l'un à Paris, au mois de mars ; l'autre à Redon, au mois d'octobre. Nous reviendrons sur les voyages en Bretagne. A Paris, voici d'après ses notes son règlement de vie : Messe à 7 heures; de 8 heures à 11 heures 1/2, travail avec mes confrères de la zone de l'Ouest; à 2 heures, séance générale jusqu'à 6 heures 1/2; de 8 heures à 11 heures du soir, visite des Cercles et des Œuvres de Paris. « A ce régime, disait-il en riant, on avait à peine le temps de manger et de dormir, mais le beau côté de la médaille c'était d'entendre chaque jour des hommes comme M. de Mun, Mgr Mermillod, le P. Montsabré, etc. » M. Michel était lui-même un de ces orateurs distingués dont on aimait à entendre à Paris les rapports lumineux, les allocutions chaleureuses et les toasts improvisés. « Le Comité de Saint-Malo, écrit-il à une cousine aimée comme une sœur, Mlle Métrot de Varennes, est ici choyé et traité en enfant gâté. On nous fait plus d'honneur que nous n'en méritons, et il en est un que j'aurais volontiers décliné, celui d'être appelé à la tribune ou de porter un toast au banquet d'adieux, sans être prévenu même un quart d'heure à l'avance. Parler devant une assemblée de 5 à 600 hommes d'élite, c'est une tâche embarrassante, même pour un vieux procureur. La première fois, j'ai cru que le cœur allait me manquer, je voyais tout tourner; enfin, grâce à Dieu, comme on dit à Saint-Malo, *tout s'est bien passé.* »

Le rayon d'action de M. Michel devait forcément s'étendre de plus en plus. Il faudrait mentionner ici les conférences de Rennes, de Morlaix, de Quimperlé, de Châteaubriant et beaucoup d'autres dont on réclamait souvent l'impression. Nous nous bornerons à citer des fragments importants de celle de Laval. Le Comité du Cercle de cette ville était persuadé que seule la parole de M. Michel « enlèverait l'affaire d'un Comité de patrons ». Ces espérances ne furent pas trompées. M. Michel s'en tira à merveille, avec un tact exquis, mettant en maître le doigt sur la plaie, ranimant les volontés indécises ou chancelantes. « Me voici au milieu de vous, vous tendant la main ; si j'arrive en inconnu, je compte bien vous quitter en ami. » L'orateur fait ensuite un tableau rapide de l'Œuvre ; il l'explique avec clarté et la défend avec adresse. « Pour nos adversaires, nous sommes des citoyens dangereux qu'il faut supprimer, n'en déplaise à la liberté. — Nous serons bientôt les vaincus ! Menace féroce, Messieurs, mais vaine... Il y a mille cinq cents ans, un homme, un prince, aussi intelligent et plus puissant qu'eux, voulait aussi anéantir le cléricalisme de l'époque... L'apostat dut au moment de la suprême agonie lancer vers le Ciel cet aveu d'impuissance que ses imitateurs ne devraient pas oublier : « Tu as vaincu, Galiléen ! » Pour les catholiques sincères, suivant la parole du Saint-Père, nous sommes « l'Armée de Dieu ». Mais il y a place entre ces deux extrêmes. « Les uns nous traitent d'idéalistes,... les autres d'exagérés. » On va plus loin, on parle de laïcisme, d'usurpation, d'empiètement sur les droits du clergé.

Le conférencier répond avec une fine ironie à toutes ces objections ; suivons-le au moins dans les principaux passages de son discours :

« Vous prétendez que nous sommes des idéalistes, que nous rêvons de belles chimères. — Oh! certes, au point de vue humain vous avez raison. Si nous étions seuls en face de la Révolution, si nous ne devions compter que sur nos 300 cercles et nos 60 000 associés, nous serions bien téméraires et nous ne pourrions que trouver de glorieux Thermopyles ; mais laissez-moi vous dire que nous ne sommes pas seuls, que nous avons pour étendard le Labarum, que le Saint-Père nous a bénis et félicités, que nous avons foi en Dieu, en Jésus-Christ, et confiance dans les destinées de la France. Vous le voyez, nous ne sommes pas des hallucinés puisque l'Église nous patronne et que l'Église ne saurait se tromper ni vous tromper.

« Vous ajoutez : Question de mode! mode étrange, en vérité. Comment! voilà des hommes de toute classe à qui, pour toute promesse, nous annonçons une lutte sans trêve; voilà particulièrement de pauvres ouvriers à qui nous tenons ce dur langage : Venez à nous, serrons nos rangs, et pour une partie de billard que nous ferons de temps à autre ensemble, nous vous assurons d'incessants combats contre le respect humain, contre les entraînements des passions, des cabarets et des mauvaises doctrines! Guerre à l'athéisme, à la libre pensée, aux erreurs sociales, c'est-à-dire exposez-vous aux railleries, aux injures et à la persécution. Et il se trouve une masse d'esprits généreux qui nous écoutent et nous tendent la main. Et vous dites que c'est la mode! Allons donc! La mode est faite pour flatter et pour plaire, et ce que nous demandons n'est que du sacrifice. Votre objection ne porte pas, ou plutôt elle se retourne contre vous en prouvant qu'il n'y a que la vérité, la grâce et le patriotisme qui peuvent faire de pareilles conquêtes.

« Que dit-on encore? Que nous voyons tout en noir; que de tout temps on a cru à de prochaines catastrophes et que le monde n'en continue pas moins à marcher!

« Que ce langage prouve d'aveuglement! Comment! vous ne voyez donc pas ce qui se passe!

Voyez donc la famille, dont le roi, le père, est découronné; voyez donc l'atelier où Jésus-Christ ne règne plus et où le patron, comme lui, a perdu son autorité; voyez donc le pays tout entier où l'antagonisme a supplanté la fraternité et la charité. Mais écoutez donc ces cris sauvages de la convoitise qui s'adressent à votre bonheur et à votre fortune. N'entendez-vous qu'on dit qu'on veut crever le ciel comme un plafond de papier, que Dieu est un mot vide de sens fait pour effrayer et dominer, qu'il n'y a qu'un maître souverain : La jouissance. Contemplez cette horde incomparable qui s'avance pour soutenir ces épouvantables principes. Et si ensuite vous venez nous traiter de pessimistes, nous ne pourrons vous répliquer qu'un mot : Vous êtes aveugles!

« A peine en ai-je fini avec ces tristes adversaires que d'autres se présentent et, le prenant sur un ton plus sérieux, me reprochent d'outrepasser mes légitimes préoccupations. Laissez donc, me conseillent-ils, Dieu et l'Église faire leurs affaires. Ils n'ont pas besoin de vous pour triompher, et vous usurpez véritablement sur les droits du clergé en vous mêlant d'une restauration religieuse qui n'est pas de votre compétence. Ah! Messieurs, à Dieu ne plaise que je songe à entreprendre sur une mission qui ne m'a pas été confiée. Est-ce que je viens enseigner et dogmatiser? Est-ce que je revendique la chaire? Est-ce que le premier je ne vais pas écouter les leçons qui en descendent? Est-ce que je ne sais pas que le *Ite et docete* a été dit aux prêtres! En vérité vous me faites injure en supposant que je veux porter la main sur l'arche sainte. Ah! Plût à Dieu que je trouvasse le Prêtre et la doctrine de l'Église partout dans la vie sociale! Mais où est-il hors de l'Église? Est-ce lui qui gouverne la vie de famille? Est-ce lui qui administre l'atelier? Est-ce lui qui fait des discours à la tribune, qui fait les constitutions et les lois, qui écrit dans la presse? Est-ce lui qui commande les armées? Non, n'est-ce pas? Tous ces emplois sont des postes de combat qui ne sont pas faits pour lui. Nous les revendiquons pour nous. Moïse priait sur la montagne quand les Hébreux combattaient. Qu'il en soit encore ainsi. Que les Prêtres du Dieu vivant nous élèvent, nous instruisent, nous bénissent et prient pour nous, nous ne demandons qu'une faveur : nous dévouer et, au besoin, tomber pour leur foi et leur patrie qui sont les nôtres.

« J'ai répondu à tous, excepté aux timides, aux anémiques et aux égoïstes, c'est-à-dire à ceux qui sont les plus nombreux et dont l'attitude est pour nous le plus difficile de tous les obstacles. Chez ceux-là, rien ne vibre, ni l'amour de Dieu, ni l'amour de la France, ni l'amour de leurs frères, pas même la haine du mal. Indolemment enfermés chez eux, satisfaits de leur vie douce, ils se font comme le poète, payer un spectacle agréable de la tempête qui ballotte et menace d'engloutir leur patrie et la comparaison entre la misère des autres et leur propre jouissance augmente encore leur bonheur. A ces gens-là il n'y a qu'un langage à tenir, ils n'en comprennent pas d'autres, c'est le langage de leurs intérêts. Aussi je leur dirai que nul plus qu'eux est menacé. En définitive, si on nie

Dieu, si on repousse sa loi, si on contredit à la vie future, ce n'est pas uniquement pour le plaisir théorique de blasphémer, c'est afin d'en tirer des conséquences. C'est pour prouver que n'étant que de ce monde et n'ayant rien à attendre de l'autre, on doit avoir sa part de toutes les félicités terrestres. C'est pour contester l'inégalité providentielle dont vous bénéficiez, et le socialisme a beau mettre une sourdine à sa grosse voix, on l'entend trop souvent hurler son cri de guerre au capital et à la fortune. Vous bouchez vos oreilles, soit ! vous refusez de croire, vous refusez surtout de résister et vous dites un mot cruel : « Après « moi le déluge ! » Messieurs, le déluge vous surprendra quoique avertis, et comme nous tous vous périrez, seulement lâchement et sans gloire. Voilà la vérité, voilà l'avenir qu'il ne faut pas vous dissimuler, mais qu'il faut prévenir. Et nous le pouvons, si vous le voulez, il suffit pour cela d'un peu de résolution et de beaucoup de prières. »

J'arrête là ces citations que plusieurs ne liront peut-être pas en entier ; bien qu'elles en vaillent assurément la peine ; les derniers mots sur lesquels j'attire l'attention peignent parfaitement M. Michel : « Un peu de résolution et beaucoup de prières. » Combien ont entrepris des œuvres analogues et n'ont pas réussi, manquant de l'une ou de l'autre de ces conditions de succès chrétien ! »

CHAPITRE XII

Saint-Malo

L'APOGÉE DU CERCLE. — SA FERMETURE

(1878-1880)

Nous n'étonnerons personne, après ce qui précède, en affirmant que le nouvel archevêque de Rennes, Mgr Place, à l'exemple de son vénéré prédécesseur pour lequel M. Michel était un fils de prédilection, entoura le Cercle de Saint-Malo, et son zélé président, de sa haute et paternelle bienveillance. Il voulut, à son tour, faire parti du Comité-Directeur, et visita l'Œuvre en personne le 15 septembre 1878.

Cette réception marque l'apogée du Cercle de Saint-Malo. La vie religieuse du Cercle avait pris un grand essor. Tous les dimanches on constatait de nombreuses communions d'hommes appartenant au Comité et aux classes ouvrières. Parmi ces derniers plusieurs étaient des modèles d'édification. La chapelle devenait leur rendez-vous préféré soit pour réciter le chapelet, soit pour faire l'adoration, en dehors du bruit et des jeux qui animaient toutes les autres parties de l'établissement.

Pratique religieuse, honnêtes délassements, conférences sur tous sujets, instruction variée, tout se combinait avec le temps pour l'organisation de l'idéal que l'on s'efforçait d'atteindre. Les maladies, les moments d'épreuve se présentaient parfois, mais la charité chrétienne présidait tellement à la vie du Cercle qu'elle resserrait plus fortement dans ces durs moments les liens d'affection qui unissaient aux cœurs des ouvriers les cœurs de leurs amis dévoués. La famille s'en ressentait largement ; le cabaret était abandonné, les mères de famille voyaient rentrer avec régularité la paye de quinzaine, et la maison bien gouvernée et bien dirigée vivait dans une aisance relative et confiante en la Providence. Jamais un juron, jamais une grossière parole ne s'entendait dans le Cercle, et cette bonne habitude rejaillissait sur l'intérieur des ateliers.

Une société de secours mutuels, intelligemment administrée, rendait les services les plus éminents ; sa caisse avait été plus d'une fois près de se tarir, mais ce qui était absolument providentiel, c'est que chaque fois que la situation semblait incertaine, de larges dons, souvent anonymes, surpassant parfois 500 fr. chacun, venaient l'enrichir à nouveau et la tirer de sa situation précaire.

Aussi comme la foi de M. Michel se ravivait dans toutes ces circonstances, comme il remerciait Dieu de tout le bien qui se faisait autour de lui et qui était son œuvre pour la plus grande part.

Cette vie chrétienne du Cercle tantôt sérieuse, tantôt empreinte de la plus grande gaieté, répondait bien aux désirs du président ; la famille sociale chrétienne était créée, agissait, vivait en paix et trouvait le bonheur dans l'accomplissement de ses devoirs.

Il importe de remarquer que tout ceci n'est pas un effet d'imagination, mais une réalité bien vivante qui s'est longtemps continuée.

Autre réflexion faite souvent par M. Michel : le bien-être général dont jouissaient les ouvriers avait un écho très sensible sur la classe dirigeante elle-même. Les familles riches ou aisées qui faisaient vivre l'Œuvre de leurs ressources s'y étaient attachées d'une façon toute spéciale ; les dames entouraient de leur sympathie et de leur dévouement les femmes et les jeunes filles des ouvriers ; les enfants des deux classes souvent appelés aux fêtes du Cercle, fraternisaient dans la véritable acception du mot ; bref, il y avait une fusion de sentiments dont on n'avait jamais antérieurement soupçonné l'existence.

A l'Assemblée de Paris de l'année 1879 [1],

(1) A propos de cette Assemblée M. Michel écrivait à son fils aîné : « Tu sais que ce vieux fou de Hugo prétend que

M. Michel put affirmer justement que l'Œuvre de Saint-Malo se préoccupait moins de s'étendre que de se fortifier sur le terrain conquis. La tempête allait éclater sous l'inspiration de Satan et la petite barque nouvellement frétée et qui portait dans ses flancs les meilleures espérances pour l'avenir catholique de la région ne devait pas résister à tant d'hypocrisies et de violences. Le souffle mauvais s'étendait d'ailleurs sur la France entière, mais le sort du Cercle de Saint-Malo inquiétait tout spécialement les de Mun et les Chesnelong. Ceux-ci, par leur influence à Paris, s'efforçaient d'atténuer les coups de l'ennemi. Ils réussirent à retarder la fermeture d'un Cercle dont le nom seul et la vue faisaient écumer de fureur les sec-

la vie est une antithèse perpétuelle : « Ceci console de cela. » Eh bien, j'en ai trouvé une preuve nouvelle à Paris. La vie catholique a repris un regain de jeunesse extraordinaire. Il n'y a plus réellement que deux partis en présence, ceux qui disent : « Nolumus hunc regnare super nos » et ceux qui pensent le contraire. » — « Ceci console de cela ! » — Je n'ai pu assister que deux jours à l'Assemblée générale, mais j'ai pris ma revanche à la retraite d'Athis que j'ai suivie tout entière. »

taires haineux de Saint-Malo et du département. La presse républicaine et maçonnique donnait ferme. On y lisait de temps à autre des phrases comme celle-ci : « Pourquoi tel président, fameux auteur de la distinction du colportage du bien et du colportage du mal, a-t-il ou prend-il le droit dans une réunion du cercle catholique, *dont il est le président,* de faire une propagande insensée contre le Gouvernement relativement aux projets de loi « Ferry » et notamment contre l'article 7 ? » M. Michel s'agaçait parfois des attaques de ces sycophantes, mais il ne ralentissait pas pour cela son incroyable activité. « Il ne changea pas un iota aux habitudes de sa vie publique ou privée, nous affirme un compatriote; c'était un fameux homme, on pouvait le calomnier mais non médire de lui. » Tulle, Alais, Grenoble recevaient avec avidité ses conseils; et dans la région, il entraînait ses hommes dans des fêtes joyeuses et pleines de gaîté, comme le pèlerinage à la Chipaudière, ou bien il organisait des retraites en règle avec le concours des

P. P. Hubin et Alet. Je ne veux pas parler de l'action politique dont il était le centre, on peut le dire, dans l'arrondissement de Saint-Malo, car il faudrat citer des noms qu'il semble préférable de laisser dans l'ombre : trop d'amis, trop d'adversaires vivent encore [1]. M. Michel recevait du clergé et des catholiques militants des témoignages non équivoques d'admiration et de sympathie.

En 1878, le public catholique voulant protester contre les menées hostiles des autorités préfectorale et municipale, se porta en foule au grand concert organisé pour soutenir le Cercle dans la vaste salle du Casino. La recette fut très belle, mais la rage de l'ennemi se manifesta par la révocation du secrétaire de la Préfecture, le très zélé et très habile Directeur du Cercle, et par celle de l'Architecte de la ville, membre du Comité. Ces agissements ne ralentirent pas le zèle du Président. Il fit

[1] Cette remarque s'applique à la plupart des citations faites dans cet ouvrage. Par prudence ou pour déférer à des désirs exprimés, nous avons dû souvent nous contenter de dénominations générales à la place des noms propres qui eussent intéressé davantage le lecteur.

prendre seulement quelques mesures de prudence et congédier quelques membres moins sûrs, soupçonnés d'espionnage, et l'année se passa dans un grand calme intérieur : fêtes, jeux, pèlerinages, conférences sociales furent plus multipliés que jamais.

L'année 1879 devait être plus tourmentée. Le parti irréligieux qui l'avait emporté à Saint-Malo aux élections municipales ▪voyait l'adversaire implacable dans le Cercle et dans ses chefs, aussi l'accusait-il, le calomniait-il à plaisir devant l'opinion. M. Michel y répondit en se montrant plus apôtre que jamais. Il augmenta le nombre de ces réunions, où, bien préparé d'avance, il abordait avec chaleur et précision les grandes questions du jour devant un auditoire de plus en plus avide de l'entendre. Ses allusions fines et parfois caustiques étaient soulignées par des sourires ou des bravos, et lorsqu'elles revenaient aux oreilles des intéressés elles n'augmentaient pas précisément la sympathie de ceux-ci pour l'ardent conférencier.

Cependant, dès les premiers jours de janvier de l'année 1880, la nouvelle circulait sous le manteau que par ordre supérieur le Cercle catholique allait recevoir le coup de la mort. Les journaux de Paris, devançant le décret de fermeture, l'annonçaient même plusieurs jours à l'avance comme émanant de M. Hovius, député radical, maire de Saint-Malo, ex-vénérable de la loge de la Triple Essence. Ce fameux décret, qui fut salué comme l'annonce d'une immense victoire par la secte anticléricale et maçonnique, fut notifié à MM. Michel et Brulé : il portait une date sinistre : 21 janvier 1880. Naturellement le considérant principal du tristement fameux préfet André était « que l'Association avait dégénéré en société de propagande hostile au Gouvernement. » Le Directeur du Cercle répondit fièrement à cette ridicule accusation dans une lettre adressée aux journaux. Il y disait : « Nos ouvriers savent ce qu'il y a de vrai dans cette allégation. Ils peuvent attester si jamais aucune propagande politique a été faite parmi eux. M. A. Hovius est vraiment bien ingrat : depuis que le Cercle est fondé, il y a eu de nombreuses élections, et je mets au défi qui

que ce soit de trouver un ouvrier qui puisse
déclarer qu'un membre quelconque du Cercle lui
a remis un bulletin, ou a cherché à influencer
son vote. » — Le *Journal de Saint-Malo* fustigea
vertement « les méchants turlupins qui pendant
vingt ans avaient audacieusement profané dans
leurs parades le saint nom de la liberté » et qui
montraient par ce nouvel acte « de vaillance »
tout le cas qu'ils en font une fois maîtres du pouvoir. Les voyous de la rue répondirent en hurlant
une chanson grossière et blasphématoire, montrant
ainsi qui devait se réjouir de cette iniquité con-
sommée, ô dérision, au moment même où de
fantaisistes législateurs proposaient une loi sur la
liberté d'association et de réunion.

Les amis de la bonne cause furent consternés.
Dès le 24 janvier, M. de Mun s'écriait : « La
nouvelle m'arrive, le Cercle est donc vraiment
fermé ! Je suis avec vous de tout mon cœur, et
plus étroitement que jamais. Le Cercle est fermé,
mais l'Association vit, j'en suis sûr, courage et
confiance !... Dites à tous ma profonde, mon

ardente sympathie et que, quoi qu'il arrive, *rien* ne peut nous séparer. »

Ceux qui ont compris combien M. Michel avait donné de son âme au Cercle n'auront pas de peine à sentir combien il fut douloureusement atteint par l'odieuse peine de mort despotiquement prononcée contre son œuvre. Le premier moment de stupeur passé, il se releva vite et devint plus actif que jamais pour empêcher ou du moins retarder la ruine de l'édifice élevé avec tant de peines et de sacrifices. Il trouve encore le temps et la force d'envoyer çà et là sur tous les points du territoire, à des compagnons d'armes, frappés comme lui, des encouragements, des avis pratiques, des conseils juridiques. Il se multiplie dans les réunions, les conférences, les assemblées de dames patronnesses. Il maintient ses hommes par des groupements partiels, des fêtes religieuses et cent autres industries. « Sa voix sympathique, dit encore un témoin, ranime partout la foi dans les cœurs, et les console par les espérances qu'elle y entretient. »

CHAPITRE XIII

Redon

LE VICE-PRÉSIDENT DE L'ASSOCIATION CATHOLIQUE
DES ANCIENS ÉLÈVES
DU COLLÈGE SAINT-SAUVEUR

(1871-1893)

Nous ne voudrions rien exagérer dans ce simple récit, mais la vérité qui guide notre plume nous oblige à rappeler ce mot que nous avons recueilli de la bouche même de M. Michel : « Je suis fier de mon titre de Président du Cercle de Saint-Malo, mais je tiens davantage à celui de Vice-Président de l'Association des anciens élèves de Redon. » Ainsi que nous le disions plus haut,

si le printemps de chaque année revoyait M. Michel
au milieu des hommes d'œuvres à Paris, chaque
automne le retrouvait fidèlement, sauf empêche-
ment très grave, au milieu des anciens camarades de
Saint-Sauveur. Nous devons aux lecteurs quelques
courtes explications qui leur permettront mieux de
comprendre le genre spécial d'apostolat chrétien
exercé aux réunions redonnaises par M. Michel,
et le sens vrai de cette parole tombée des lèvres
d'un ancien élève fort intelligent et fort estimé
dans le monde des affaires : « Une réunion de
Redon me fait plus de bien que vingt sermons
pendant le carême. »

Depuis longtemps, l'éminent fondateur du
Collège de Redon, le R. P. Gaudaire, avait
nourri l'espérance de grouper dans une même
association tous ses anciens élèves. Sa dernière
journée fut même consacrée à écrire quelques
notes à ce sujet. La mort le surprit dans ces
préparatifs ; mais avant de mourir il avait
communiqué son dessein à quelques anciens
qui se chargèrent d'exécuter la suprême volonté

d'un homme aussi vénérable et aussi universelle-
ment regretté. Le R. P. A. Le Doré, qui devait
recueillir sa succession comme Supérieur général
des Eudistes, se trouva naturellement désigné pour
prendre la direction d'un Comité préparatoire
nommé par un groupe notable d'anciens élèves
présents au service du R. P. Gaudaire. La première assemblée fut fixée au 12 septembre 1871.
Plus de cent cinquante anciens Redonnais répondirent à l'appel du R. P. Le Doré ; le règlement
fut élaboré, le Bureau constitué et le Comité
régulièrement élu. M. Michel n'avait pas assisté
à la réunion préparatoire, où l'on avait vivement
souhaité la présence utile du procureur de Saint-
Malo, mais il ne manqua pas à la première réunion
plénière. Tout fonctionnaire qu'il était, il se fit
dès l'abord remarquer, par l'attitude loyale et
franche qu'il prit au débat. Quelques camarades
avaient peur de passer pour des catholiques
militants.

« Un peu de courage, mes chers condisciples,
leur cria M. Michel, ne combattons pas des chi-

mères, et ayons la franchise d'affirmer hautement les sentiments qui sont dans notre cœur. Au surplus, que les timides sachent bien que le nom seul de notre Association les compromet aux yeux de ceux dont ils redoutent les critiques; aux yeux de ces gens-là notre tort ne sera point d'émettre des vœux, notre tort sera d'être catholiques. Pour leur plaire, il faudrait renier son baptême, aucun de nous ne le fera. »

L'Association avait trouvé ses chefs. Une imposante majorité acclama simultanément le Père Le Doré président, et M. Michel vice-président; et pendant un quart de siècle, sans interruption, l'Association refusera d'émettre de nouveaux votes réguliers pour remplacer les deux hommes providentiels qu'elle venait de choisir pour être ses guides dans le sentier charmant de l'amitié éclairée par la foi. *Concordia in fide.*

M. Michel, redisons-le, fut très fier de cette élection et il comprit que Dieu ouvrait à son zèle un nouveau et superbe champ d'apostolat. Jamais pour lui l'Association ne fut envisagée comme une simple réunion amicale, de pure camaraderie, sans signification pour le présent, sans résultats pour l'avenir. Il croyait fermement que chaque ancien élève en revenant à Saint-Sauveur, en revoyant la Chapelle, les vieux cloîtres, les salles d'étude, et surtout les maîtres d'autrefois, devait puiser dans cette vue et dans ces souvenirs une force nouvelle pour la lutte catholique et pour la défense des grands intérêts patriotiques et sociaux. Il croyait non moins fermement que le devoir des chefs de l'Association était d'aider par des paroles chaleureuses et des conseils autorisés tous les camarades à entrer à pleines voiles dans cet ordre d'idées.

Aussi dans ses nombreux discours, dans ses toasts préparés avec soin, jamais une parole banale, toujours le cri du combat et l'appel à la victoire pour l'Église et pour le pays. On lui a durement reproché parfois ce qu'on appelait des allusions politiques, mais en vérité était-ce sa faute à lui si, depuis vingt ans, les catholiques français sont sans cesse traqués, vilipendés, mis hors la loi, par les hommes hissés ou parvenus au pouvoir? Ceux qui se sont montrés si sévères à son égard et qui même — en tout petit nombre, Dieu merci, — ont cru devoir quitter nos rangs à cause de lui, étaient-ils réellement dignes de marcher à la suite de notre bannière? Étaient-ils les vrais fils de Saint-Sauveur?

L'Association dut bientôt à M. Michel son *Chant national*. On pourra critiquer la facture des vers, on n'admirera jamais assez l'élévation des pensées, et ceux qui l'entendent redire chaque année par des centaines de voix pourront affirmer que c'est bien là le cri de tout cœur redonnais.

LE CHANT DES ANCIENS ÉLÈVES DE REDON

Si vous rencontrez par le monde
Prêtre ou Laïque un vrai Chrétien,
Un homme dont la foi féconde
Partout fait éclore le bien,
Vous pouvez, sans peur de méprise,
Dire bien haut : « Je le connais !
« Un pareil enfant de l'Église,
« Ah ! c'est un Ancien Redonnais !
« Oui ! c'est un Ancien Redonnais ! »

Si, dans Rome, la voix du Pape,
Trahi par des fils égarés (1)
Fait accourir à franche étape
Des martyrs bien déterminés,
De leur tombeau baisez la terre
Et dites haut : « Je les connais !
« De pareils enfants du Saint-Père,
« Ah ! ce sont d'Anciens Redonnais !
« Oui ! ce sont d'Anciens Redonnais ! »

Si, pour défendre sa patrie,
Avant d'entrer au champ d'honneur,
Un brave s'agenouille et prie
Ou Marie ou le Sacré-Cœur ;
S'il meurt ensuite avec vaillance,
Criez bien haut : « Je le connais !
« Un pareil enfant de la France,
« Ah ! c'est un Ancien Redonnais !
« Oui ! c'est un Ancien Redonnais ! »

Tous ces héros-là sont nos frères,
Saint-Sauveur les a vus grandir :
Soyons comme eux des caractères,
Sachons comme eux vivre et mourir !
Et puisse un jour, là-haut, saint Pierre
Nous dire aussi : « Je vous connais !
« J'ai l'ordre d'ouvrir la barrière
« A tous les Anciens Redonnais ! »
« A tous les Anciens Redonnais ! »

(1) Texte primitif : fous couronnés.

Le 23 octobre 1877, un changement important eut lieu dans la date de la réunion générale; pour la première fois, les élèves actuels se trouvèrent présents à cette fête de famille. M. Michel ne les oublia pas; après avoir rappelé aux anciens combien il était plus nécessaire que jamais pour les catholiques de s'unir dans un combat de plus en plus rude, il se tourna vers les jeunes et leur dit : « Notre fête aujourd'hui vous notifie officiellement notre existence et nous espérons bien qu'aucun de vous, malgré les défaillances de l'époque, n'oubliera, quand le temps sera venu, de se faire inscrire sur nos contrôles. Plus que jamais nous avons besoin de recrues; plus que jamais tout ce qui nous est cher, plus cher que la vie, l'Église, notre foi, le Pape, notre culte, nos Prêtres, notre France même sont menacés. C'est surtout à nous, enfants des maisons religieuses, que s'adresse cette malédiction de l'enfer : le cléricalisme voilà l'ennemi! Et cette menace quelle en est la conséquence : il faut que le cléricalisme soit le vaincu! Il n'en sera rien,

Messieurs, cette menace est vaine comme tout ce que Dieu ne ratifie pas. »

A côté de ces paroles vibrantes que l'orateur appuyait de gestes énergiques et que l'auditoire saluait de bravos enthousiastes, il nous plaît de faire place ici à une poésie de jeunesse (1852) adressée aux élèves du collège de Redon qui furent toujours des amis, nous allions dire de jeunes frères, pour M. Michel : enfants et jeunes gens le lui rendaient bien, et en toutes circonstances l'entouraient et l'applaudissaient à l'envi.

AUX ÉLÈVES DU COLLÈGE DE REDON

O vous mes successeurs dans ce modeste asile,
Héritiers du bonheur que j'ignorai jadis,
Dont l'âme est comme un lac pur, limpide et tranquille,
Que ne peuvent troubler les autans ennemis;

Vous qui ne savez pas ce que c'est que la vie,
Vous qu'emporte parfois une ignorante envie
        Par-delà vos vieux murs;
Vous qui voulez vieillir; vieillir, quel privilège!
Vous qui ne voulez voir sous le nom de collège
        Que des cachots bien durs;

Laissez-moi vous parler ! Inconnus, je vous aime,
Comme vous aujourd'hui j'ai rêvé dans mon temps,
Je veux vous épargner les désenchantements
　　Que j'éprouvai moi-même.

Quand j'avais dix-sept ans, j'étais ce que vous êtes,
Vivant aux mêmes lieux, travaillant comme vous,
Et je dois l'avouer, parmi cent folles têtes,
　　J'étais l'un des plus fous !
J'ai connu tous vos jeux. L'un de vous, à l'étude,
Occupe en ce moment, la place où je m'assis,
J'ai su tous les détours de votre solitude,
J'ai fait tous vos pensums, et j'ai mérité pis !...
Je me souviens qu'alors, avec mes camarades,
A l'ombre des tilleuls, sous les sombres arcades,
J'ai parlé liberté ! Nous maudissions nos fers,
Nos bouches proféraient des paroles ardentes,
Nous étions à l'étroit et nos âmes brûlantes
Appelaient le ciel bleu, les arbres, les prés verts :
　　　　Des vives hirondelles
　　　　Je convoitai les ailes ;
　　　　J'aurais voulu, comme elles,
　　　　Voyager sous les cieux ;
　　　　Chercher, sur d'autres plages
　　　　De fortunés rivages
　　　　A l'abri des orages
　　　　Et des vents furieux !
　　Puis d'autres fois revenant sur la terre,
Je voulais pénétrer le terrible mystère
Des choses d'ici-bas et de mon avenir !

Je brûlai de voguer sur ces mers inconnues,
J'enviai leurs écueils et leurs roches ardues,
L'aquilon me semblait préférable au zéphir.
La liberté, surtout, mot trompeur et sonore,
Était mon idéal!... Vous qui croyez encore
Qu'au-delà du collège on est libre ici-bas,
Vous qui souhaitez d'être à mon âge, à ma place,
Priez, priez plutôt afin que Dieu vous fasse
Au seuil de notre Enfer la grâce du trépas!

CHAPITRE XIV

Redon

LES TOASTS PRONONCÉS A L'ÉPOQUE DES DÉCRETS
ET DE L'ARTICLE 7 DE LA LOI FERRY

(1879-1881)

LA cause principale de l'incomparable succès de
M. Michel aux réunions de Redon ne se
trouvait ni dans son éloquence, pourtant bien
belle et bien enlevante, ni dans son action expres-
sive et puissante ; il faut la chercher avant tout
dans la connaissance préalable qu'avait l'auditoire
de la vie publique du président et des batailles
qu'il livrait chaque année pour le triomphe de la
religion.

On savait que l'orateur ne se contentait pas de crier aux autres : « Soyez des hommes, *Estote viri ;* soyez fidèles aux saintes croyances et aux saintes causes ; soyez des hommes utiles, des catholiques sans épithète. » On savait que lui-même était tout cela et qu'il ne demandait rien à personne dont il ne donnât largement l'exemple.

Aussi était-ce toujours avec une autorité incontestée et au milieu du plus religieux silence qu'il prenait la parole et disait à chaque fois le dernier mot de la fête. Pour en donner une idée à ceux qui ne l'ont pas entendu et pour raviver les grandes émotions des anciens élèves de Redon, nous citerons à la suite les remarquables toasts prononcés en 1879, 1880 et 1881, à la liberté de l'enseignement et à l'avenir de la France chrétienne.

Ce sont des pages d'histoire ; mais pour leur conserver toute leur force, le lecteur devra se rappeler ces années douloureuses entre toutes où le catholicisme en France souffrit une terrible persécution et où le réveil du lion blessé, mais

toujours fier, ne s'annonçait pas comme aujour-
d'hui.

« MES CHERS CAMARADES,

« Depuis notre dernière réunion, un orage
violent s'est levé sur nos têtes [1]. S'il n'a pas
encore éclaté, c'est que la Providence s'est réservé
la souveraine direction des tempêtes et que la
foudre ne frappe jamais sans la permission divine.
La Providence a voulu nous laisser le temps de
comprendre le péril, de nous préparer aux assauts
prémédités et de prendre les moyens de les
repousser.

« L'orage dont je parle a été amassé par la
haine du nom chrétien ; il gronde depuis plusieurs mois, menaçant l'édifice si laborieusement
élevé de nos libertés les plus chères, de nos
droits les plus péniblement conquis, nos droits
de pères de famille, notre liberté de faire élever
nos enfants dans la crainte de Dieu et l'amour de
l'Église et de la Patrie.

(1) Les Décrets du 29 mars 1879.

« Dans quelle réunion serions-nous plus à l'aise pour épancher notre cœur, où pourrions-nous rencontrer une plus touchante unanimité que dans l'assemblée fraternelle d'aujourd'hui, touchant cette grande question dont dépend l'avenir de la France ? Permettez-moi donc d'être votre interprète pour exprimer le vœu qui est dans toutes nos âmes, le vœu que l'enseignement demeure libre toujours !

« Et qu'on ne nous impute pas, Messieurs, de mesquines idées d'opposition ! Le principe de la liberté d'enseignement domine tous les régimes et toutes les constitutions. En tout pays, à toute époque, sous les monarques et sous les consuls, le père a eu et aura le droit de revendiquer l'âme de son enfant, dont il a la responsabilité. Il tient ce droit de la nature, c'est-à-dire de la loi primordiale émanée de Dieu. Non seulement il a le droit, mais il a le devoir de faire élever son enfant ; élever, c'est-à-dire de le faire monter des ténèbres à la lumière ; or, les ténèbres, c'est la terre avec ses misères et ses passions, et la lumière, c'est le ciel, dont l'astre est Dieu. Une terre sans Dieu serait un affreux et injuste cachot que nous repoussons, et si l'on parvenait à séparer pour nos enfants l'épreuve de l'espérance, nous maudirions le jour où ils sont nés.

« Voilà pourquoi, Messieurs, nous avons tremblé l'été dernier à la nouvelle du danger que courait Saint-Sauveur, voilà pourquoi nous avons bruyamment applaudi, en entendant, à la distribution des prix, une voix pleine de foi et de sérénité[1] annoncer le jour de la rentrée ; voilà pourquoi, aujourd'hui que la grande voix du pays a fait entendre une solennelle protestation, nous avons confiance dans l'avenir !

« Un homme[2], célèbre par l'hostilité dont il poursuit l'instruction religieuse donnée à l'école, disait en août dernier aux élèves du lycée Louis-le-Grand qu'une loi de Solon punissait de la peine du bannissement tout citoyen qui ne voulait pas

[1] La voix du R. P. Guêtré, alors supérieur du Collège et récemment décédé à Marseille.
[2] M. Paul Bert.

prendre part dans les graves questions discutées devant le pays. Je n'ai pu vérifier sa citation ; j'aime à croire qu'elle est plus exacte que celles par lui faites antérieurement concernant les livres de prétendus jésuites et que l'histoire qu'il attribue au vieux roi étrusque Porsenna quand elle est arrivée au général romain Camille ; mais enfin telle qu'elle est, prenons-la pour vraie et faisons-en la règle de notre conduite. Prenons parti, Messieurs, dans la grave question de l'enseignement libre, ne laissons pas à ses adversaires le monopole du zèle, et ne laissons pas dire de nous que les enfants du siècle apportent à leurs affaires plus de soin que les enfants de Dieu n'en donnent aux leurs. Soyons fermes, priants et confiants !

« Une fois encore les flots du golfe arabique menacent d'engloutir l'armée de Dieu, mais la main toute-puissante les tient suspendus et ne les laissera retomber qu'après notre passage. Puissent les nouveaux Égyptiens ne pas tenter la poursuite et se rappeler les leçons de l'histoire.

« Mes chers Camarades, je bois au maintien de l'enseignement chrétien qui seul forme des hommes et des citoyens, aux maîtres qui nous l'ont donné, à cette maison où nous l'avons reçu et vis-à-vis de laquelle nous avons contracté une dette de reconnaissance aujourd'hui échue, en un mot qui rendra tous vos vœux : à la liberté d'enseignement à tous les degrés ! »

L'année suivante, les expulsions avaient eu lieu, les Eudistes du collège Saint-Sauveur avaient dû, pour sauvegarder l'Œuvre, consentir à la sécularisation, mais l'inquiétude régnait dans tous les esprits et la tristesse oppressait tous les cœurs. Qu'allait dire M. Michel ?

« Tous attendaient, nous dit le compte rendu, de notre vice-président une de ces allocutions qui portent coup ; nous ne fûmes pas trompés dans notre attente. »

Il se lève, et, de sa place, prononce les paroles suivantes :

« Mes chers Camarades,

« En ce moment où la liberté du bien souffre persécution pour la justice, où l'on voudrait mettre la vérité sous les scellés comme les domiciles privés et les églises, où la facilité de la délation le dispute à la complaisance des oreilles ; où l'épée de Damoclès est suspendue sur nos têtes et sur celles de nos maîtres vénérés, il est évident que la sobriété dans les paroles est un devoir. Il ne serait pas impossible même que le seul fait de parler constituât une imprudence. — Il faut bien pourtant que nous puissions nous consoler entre nous des tristesses que chaque jour nous apporte ; il faut bien surtout que, par la chaude expression de notre affection et de notre dévouement, nous consolions le cœur navré de ceux à qui nous devons ces grands biens qui font toute la virilité humaine, et qu'on appelle la Foi et le Patriotisme. Si montrer que nous aimons nos maîtres est un acte dangereux, n'est-il pas vrai que, parmi nous, il n'est personne qui ne tienne à braver cet honorable péril ?

« Laissez-moi donc vous dire au nom de tous, mes Révérends Pères, que cette année nous sommes ici *pour vous*. Dans le grand duel engagé par la Franc-Maçonnerie contre le Catholicisme, nous venons vous servir de témoins. A toutes les accusations lancées contre vous, nous répondrons : Mensonge ! A toutes les procédures bysantines dont on voudrait vous enlacer, nous crions : Hypocrisie ! A la haine qui se rue contre les serviteurs de Dieu, nous opposons notre amour reconnaissant ; aux trahisons, notre fidélité. Vous fûtes nos maîtres, vous êtes les maîtres de nos enfants ; au nom de la liberté, nous voulons que vous continuiez à l'être, nous maintenons nos droits et les vôtres, et nous vous disons : Quoi qu'il arrive, comptez sur nous !

« Mes chers Camarades, il ne faut pas que ces protestations soient de vaines paroles. Je ne puis, vous le comprenez, laisser couler à pleins bords les sentiments qui oppressent mon cœur et les idées qui obsèdent mon intelligence; laissez-moi soulever seulement un coin du voile derrière lequel ma pensée est obligée de s'abriter. — Notre Foi, notre Pays, nos amis n'ont-ils pas assez souffert? La nouvelle servitude d'Égypte n'a-t-elle pas assez duré?

« N'est-on pas encore assez honteux et fatigué du silence et de l'apathie? N'est-il pas temps enfin de dire avec l'Apôtre : « *Hora est jam nunc de somno surgere.* »? Malgré tous les trompe-l'œil, en France, Dieu merci, les catholiques sont encore le nombre et la force. Il suffirait d'un acte d'énergie! Cet acte ne viendra-t-il pas?

« Notre grand pape Pie IX tenait souvent ce langage à ses visiteurs : La révolution dit : Agitez, agitez! et moi je vous dis : Agissez, agissez! Je me place sous l'égide de ce saint pontife pour vous répéter à mon tour : Agissons, et agissons vite! Trève aux douleurs platoniques, aux soupirs efféminés, aux regrets stériles! L'heure de l'action a sonné! L'action, voilà le moyen unique mais sûr de traverser victorieusement les lignes de la révolution, de la surprendre dans son fort, de la vaincre et de rendre à notre pays la paix dont il a tant besoin et le Dieu qu'on voudrait lui ravir.

« *Acta non verba*, telle doit être désormais notre devise, et que chacun de nous emporte ce mot d'ordre au sortir de cette solennelle réunion !

« Je bois, mes chers amis, aux Révérends Pères Eudistes, à leur conservation, à la Liberté ! »

Le toast de 1881 dépassa, nous semble-t-il, en importance et en vigueur apostolique — maintenons l'épithète — tous les précédents. Le banquet avait été animé, joyeux, mais voici M. Michel qui se lève, le silence le plus profond s'établit et tous écoutent avec avidité le discours suivant :

« MES CHERS CAMARADES,

« Lorsque, pendant la canicule, un ciel de plomb a pesé sur la tête et sur la poitrine des hommes, avec quel bonheur la brise est accueillie ! Quelle détente se produit dans l'organisme, comme on respire à pleins poumons ! C'est un moment délicieux qui répare et fortifie ! Eh bien, mes chers amis, j'éprouve en cet instant le bien-être. Après les ardeurs, les orages, les fatigues et les affaires de la vie ordinaire, chaque année, à pareil jour, dans ce cher collège Saint-Sauveur, nous venons retremper notre âme à un air pur et salubre qui lui donne un nouveau ressort et de nouvelles forces pour les labeurs du lendemain.

« Quel bonheur, Messieurs, de se retrouver entre honnêtes gens ! d'oublier pendant toute une journée les persécutions, les tripotages, les jouisseurs et les pornographes, les traîtres ou les lâches ! de n'avoir présent à l'esprit que le souvenir rafraîchissant de la jeunesse et devant les yeux que les épanchements de l'amitié !

« Mais, Messieurs, n'oublions pas le précepte du poète :

« *Omne tulit punctum, qui miscuit utile dulci* »

et, après avoir payé nos dettes envers l'amitié et la reconnaissance, demandons-nous si de cette assemblée nous ne pouvons pas encore retirer quelque profit.

« Rappelons-nous que nous sommes une association catholique et que ce nom suppose des devoirs envers l'Église et la France.

« A ces deux mères nous devons respect, amour et dévouement : jamais moment fut-il plus opportun pour les leur témoigner ! L'Église, vous savez comment on la traite, et quel sort lui serait réservé si ses ennemis étaient tout-puissants. Quoiqu'elle ait des promesses immortelles, elle souffre, elle saigne de nombreuses blessures que lui font chaque jour des fils dénaturés.

« Soyons ses fidèles, essuyons pieusement ses larmes et son sang et ne craignons ni de proclamer ni de revendiquer ses droits, ni, s'il le fallait, de la couvrir de nos corps pour la défendre.

« Mais c'est surtout de la France que je veux vous parler, et, en vous parlant de ce pauvre cher pays, je suis sûr de faire vibrer tous les cœurs à l'unisson.

« Eh bien, la France, où en est-elle ? Non seulement l'intégrité de son territoire et la gloire de ses armes ont été compromises, mais son esprit national s'est affaibli ; ses intérêts, même matériels, sont méconnus ; on l'abreuve d'humiliations au dehors ; au dedans on l'empoisonne par l'athéisme et la luxure ; la gangrène gagne successivement les membres du corps social, l'énergie s'éteint, les caractères faiblissent, le courage fait place au caponisme, et, pour peu qu'on manque de foi, on peut se demander si nous avons encore un avenir comme nation.

« Avant de faire à cette triste hypothèse la réponse chrétienne et patriotique d'un catholique français, posons plutôt ces autres questions :

« D'où vient le mal et à qui la faute ?

« Le mal, mais c'est toujours le même : la haine satanique de l'autorité légitime inaugurée avant la naissance du monde jusque dans les profondeurs des cieux ; c'est la révolution continuée sur la terre par les agents des premiers vaincus et qui se manifestera jusqu'à ce que le puits de l'abîme soit scellé pour jamais.

. « Le mal, c'est l'apostasie sociale, c'est l'impiété individuelle, c'est l'homme qui veut se faire Dieu, afin de pouvoir jouir sans responsabilité et sans remords.

« Mais comment cette révolte a-t-elle fait de si rapides progrès ? Comment a-t-elle pu se substituer si vite à l'esprit chrétien dans les institutions, dans les mœurs, dans la vie publique comme dans la vie privée ? A qui la faute ?

. « Hélas ! à la vue des maux qui nous frappent, on entend souvent s'écrier : « C'est notre faute et nous l'avons bien mérité ! Mais une parole qu'on n'entend jamais et qui pourtant serait la vraie, c'est celle-ci : *C'est ma faute, à moi !* Oui, c'est la faute de chacun de nous ! c'est la faute de celui qui, ne pouvant imprimer une direction, ne veut en accepter aucune, de celui qui doit donner l'exemple et ne le donne pas, de celui qui ayant la fortune et le loisir emploie les deux à des choses inutiles ou superflues, de celui qui préfère le plaisir au travail, sa robe de chambre et ses chenets aux luttes de la vie, son repos à l'intérêt général, même son foyer domestique à sa patrie.

« Voilà le mal. Où est le remède ? Le premier indique le second : A la désagrégation des forces sociales, il faut opposer le faisceau puissant de l'association ; à la paresse, à la vie inutile, le travail ; à l'abstention commode, l'action virile ; à l'amour de soi, l'amour de Dieu, de l'Église et de la France.

« Ce devoir incombe surtout, Messieurs, à ceux qui comme nous ont reçu plus que d'autres, et si tous savent le remplir, oh ! alors la réponse sera facile à la question de savoir si nous avons un avenir à espérer.

« Un jour, un ami de Jésus mourut ; mais, avait dit le maître, en parlant de la maladie de Lazare : « *Hæc infirmitas non est ad mortem, sed* « *pro gloria Dei ut glorificetur filius Dei per eam,* » et quatre jours après, à cet appel souverain : *Lazare veni foras !* la mort lâchait sa proie et Lazare ressuscitait. Qu'il soit permis à mon patriotisme de trouver dans cette histoire évangélique une image et une espérance !

« Aux yeux de ses ennemis, la France chrétienne, elle aussi, humainement paraît morte. Les sectes croient l'avoir ensevelie pour jamais.

« Parfois même il monte jusqu'à nous comme une odeur de corruption sépulcrale. Mais, en dépit des apparences, mon cœur me dit : *Hæc infirmitas non est ad mortem.*

« Bientôt va retentir à nouveau le *Lazare veni foras*, et Dieu, je le crois sincèrement, se ménage, dans le réveil de la France, une nouvelle merveille pour sa gloire et celle de son Fils.

« Quand, au commandement divin, un coup de vent aura chassé le brouillard qui nous fait la nuit, nous verrons tout à coup resplendir le génie couronné de la France, soutenant d'une main sa vieille mère l'Église, tenant de l'autre la croix rédemptrice et la présentant au peuple chrétien affranchi, tombé à genoux devant elle ; un rayon de gloire inondera de lumière, jusqu'à les éblouir, les témoins étrangers de cette résurrection.

« Les nations rassurées s'inclineront encore une
fois avec respect devant leur sœur aînée ; Dieu
sera rentré en maître, et notre bien-aimée patrie
reprendra pacifiquement la voie que la Providence
lui a tracée.

« Moïse n'entra pas dans la terre promise, et
nous autres qui ne le valons pas, nous n'avons pas
de motifs d'espérer d'être plus heureux que lui ;
mais qu'importe notre personnalité.

« Qu'il nous suffise de croire que Dieu n'a pas
transporté notre héritage, qu'il nous poursuit plus
encore par sa miséricorde que par ses châtiments ;
que, si les autres peuples ont des permissions, le
nôtre a une mission, et pleins de confiance, sans
nous inquiéter de savoir si le mont Nébo sera
notre tombe, saluons dès ici la terre de Chanaan.

« Mes amis, envers et contre tout, buvons à
l'avenir de la France chrétienne ! »

CHAPITRE XV

Redon

DISCOURS CHOISIS

(1885-1888)

S^I M. Michel osait tenir le langage intrépide
qu'on vient de lire, c'était que pour lui
« l'homme n'est pas seulement le possesseur d'un
corps et d'une âme, mais l'être capable d'ouvrir
son âme au triple amour de son Dieu, de ses
semblables et de son pays et de se redresser vers
le ciel en face de l'iniquité triomphante, de sous-
crire en un mot à tous les sacrifices, sauf à celui
de sa conscience et de sa dignité. » Comme

M. Michel se sentait à l'aise dans sa chére réunion des Redonnais, comme il y portait son franc sourire, son visage rajeuni ! « Au dehors, s'écriait-il, c'est le Tartare avec ses vices : l'impiété, l'ambition, l'envie, l'intérêt, la jouissance ; avec ses criminels : les traîtres, les lâches, les persécuteurs, les menteurs, les voleurs ; avec ses cerbères à claques ou en képi, ses cabinets noirs, ses petits ou grands locaux, ses Ixions de bourses, ses Danaïdes de budget, ses Harpies de journalisme et ses éternelles discordes : ici, c'est la liberté, l'union des cœurs, la paix ; ici, c'est l'Élysée... je vous demande bien pardon... La mythologie m'entraîne à des homonymes étranges, je voulais dire : « Ici, c'est un paradis ? ». « Quand je parcours des yeux cette nombreux assistance, j'y cherche en vain un visage suspect, ou une main indigne de l'étreinte. Je ne découvre que des amis, des hommes dévoués à leur Dieu, à leur patrie, à leur devoir, personne à qui l'on puisse être tenté de dire : retournez votre habit ou vos poches, pour qu'on voit ce qu'il y a, à l'envers ou dedans.

On pourrait y trouver des victimes, mais pas de bourreaux. Savez-vous qu'en 1885 ce sont des conditions exceptionnelles pour respirer à l'aise? »

Toutefois, le vice-président connaissait trop bien son monde pour ne pas s'apercevoir que parmi un aussi grand nombre d'associés plusieurs — par nécessité ou par peur — versaient plus ou moins fortement dans les idées du jour et se tournaient vers le soleil levant : il se gardait bien de les heurter de front, mais discrètement il leur disait : « Je sais bien que sur certains points il y a en chacun de nous des préférences et des répulsions, qu'il existe des théories diverses sur le choix des moyens, mais il ne peut y avoir de divergences sur le but, puisque nous sommes tous des chrétiens et des honnêtes gens. Allez à la recherche de la nouvelle Salente, chers rêveurs, si le cœur vous en dit; je vous souhaite, sans l'espérer, de rencontrer votre idéal au terme de votre voyage ! Pour nous, en ces jours où toute foi chancelle, nous fixons nos regards sur notre glorieuse histoire qui nous apprend par les récits

du passé comment on peut édifier l'avenir et sur
Rome où l'esprit souffle et où la vérité luit... »

Voici un toast à la santé morale de l'Association ; il n'a rien perdu de sa saveur spéciale :

« MES CHERS CAMARADES,

« Avec une éloquence qui vous est allée au
cœur, nos amis viennent de vous entretenir de
toutes les grandes et saintes causes auxquelles
nous sommes attachés, de toutes les affections que
cette cérémonie ravive en nous. Nous avons uni
nos vœux aux leurs et nous avons justement
applaudi leur noble et patriotique langage. Il
semble donc qu'après leurs toasts tout soit dit et
qu'il ne reste plus rien à glaner dans le champ
des souhaits.

« Cependant, après avoir, en hommes convaincus et bien élevés, fait les honneurs aux
suprêmes intérêts, peut-être ne trouverez-vous
pas mauvais que nous songions un peu à nous-
mêmes.

« En acceptant de faire partie de notre Association, nous avons ajouté des devoirs à nos
devoirs antérieurs. A quoi, en effet, servirait le
lien qui nous unit, s'il ne permettait pas de nous
distinguer entre les autres hommes ? Ne trouvez-
vous pas qu'un ancien Redonnais qui ressemblerait
à tout le monde ne serait plus un Redonnais ?

« Aujourd'hui, heureusement, le moyen de se
faire remarquer est facile. Il n'y a, pour ainsi
dire, qu'à prendre le contre-pied de ce qui se fait.
« Les Français marchent sur la tête, tenons-
nous sur nos jambes, je veux dire sur nos principes. — Il sévit autour de nous une épidémie
d'aliénation mentale, n'écoutons que notre bon
sens. — On fait une guerre d'extermination à
toutes les idées qui sont la base des sociétés, aux
idées de religion, d'éducation, de conservation
sociale, défendons-les avec d'autant plus d'ardeur
qu'il y a plus de malheureux à les abandonner.
— On professe que le nombre crée le droit,
crions bien haut que le droit émane de Dieu
seul.

« On veut fonder la stabilité sur le caprice, ne cessons pas d'affirmer que la stabilité ne peut reposer que sur la vérité. — On demande plus que jamais avec Pilate : Qu'est-ce que la vérité ?

« Répondons que la vérité est la conformité des institutions, des lois et des actes humains avec les institutions et les lois divines.

« On trafique même de l'honneur ; veillons au nôtre et conservons-le de tout contact impur... — On gaspille, soyons économes.

« On prend les plus étranges familiarités avec le bien d'autrui, public et privé, et l'on voit des palais se changer en cavernes, auprès desquelles celle d'Ali-Baba paraîtrait une maison de confiance ; marchons les poches retournées, montrons que nous ne faisons à personne son portefeuille ou son linge, et moquons-nous de tous les Numas du monde.

« Vous voyez que ce n'est pas difficile.

« Joseph de Maistre disait qu'il ne connaissait rien de plus triste à considérer que l'âme de celui qu'on appelait de son temps un honnête homme. Que dirait-il aujourd'hui ? Sur cet article, le monde ne fait pas le délicat. Il honore et il reçoit les coquins et les honnêtes gens sans discernement. Il ne tient même pas toujours à l'apparence. Tenons-y plus que lui ; soyons d'abord honnêtes, mais ne dédaignons pas de le paraître, car il est des confusions et des épithètes qu'il faut éviter.

« Avons-nous jusqu'ici échappé à l'air malsain que nous respirons ? Sans doute, mais ne négligeons pas pour cela les antiseptiques. Il en est qui proposent de purifier notre atmosphère en brûlant du sucre ; ce serait insuffisant. C'est de l'encens qu'il faut brûler, si nous voulons tuer les microbes, car Dieu seul est assez bon hygiéniste pour nous sauver de la contamination générale.

« Votre devoir d'associés, au milieu du colin-maillard où nous vivons, est de vous crier casse-cou, lorsque les uns ou les autres sont exposés à se heurter aux obstacles ou à se salir aux ordures dont notre route est semée. C'est pour remplir ce devoir que je parle en ce moment.

« Existe-t-il un *criterium* qui puisse vous rassurer ? — Oui. Un jour M. Thiers traversait le golfe du Lion pendant une tempête et, sur le navire qui le portait, il faisait moins bonne figure qu'à la tribune. Craignant d'être enlevé par les lames qui balayaient le pont, il se cramponnait de son mieux aux cordages.

« Le capitaine ayant passé près de lui, M. Thiers lui demanda si l'on allait se tirer de là. Alors le capitaine montra du bout du doigt le fond du bateau et répondit : « Tant que vous entendrez en bas ce tic-tac, il n'y a rien à craindre, c'est l'hélice. »

« Le navire qui porte notre fortune et qui doit nous conduire au port, traverse lui aussi, par un bien mauvais temps, des parages dangereux, plus dangereux que le golfe du Lion ; mais il a un bon pilote et une bonne machine. Le pilote, c'est Dieu ; la machine, c'est notre cœur. Tant que nous entendrons son tic-tac au fond de nous-mêmes, c'est-à-dire tant qu'il battra pour l'honneur, pour le patriotisme et pour le Ciel, nous n'aurons rien à craindre.

« Mes amis, à la santé morale de notre Association. »

Au mois d'octobre 1889, M. Michel, déjà gravement atteint par le mal qui devait nous le ravir, n'assista pas à la réunion où l'on célébrait le cinquantième anniversaire de la fondation de son cher collège. Il avait pourtant préparé pour cette solennité un chapitre fort humoristique de l'Histoire salvatorienne.

Il voulut se dédommager en 1890 de cette cruelle absence. Il nous arriva tout heureux, mais ses camarades et ses amis furent frappés des ravages prodigieux exercés déjà par la récente maladie. La voix était plus faible ; l'œil avait perdu de sa limpidité et de sa vivacité ; la démarche elle-même semblait moins assurée. On fit plus grand silence autour de lui et l'on constata avec joie que son cœur était demeuré jeune et que sa verve était encore à peu près celle des anciens jours. Le rapport annuel le constate :

« C'est enfin l'orateur tant désiré, M. Michel,

qui, avec ce cœur et cette verve que tous lui connaissent, nous parle de la France :

« MESSIEURS ET CHERS CAMARADES,

« Ce matin, un camarade, un ami de la première heure, faisant allusion à ce moment même, me demandait :

« Qu'allez-vous nous dire aujourd'hui ? Je lui ai répondu : De quoi voulez-vous que je vous parle, si ce n'est l'objet de mes incessantes préoccupations, de ma plus vive passion en ce monde ? De la France. Notre ami, le commandant du Halgouet[1], m'a devancé, et vous savez en quel noble langage ; mais qui donc ici se plaindrait qu'on parlât deux fois de la France ?

(1) M. le vicomte M. du Halgouet, aujourd'hui lieutenant-colonel d'artillerie de réserve et député de Redon.

« Oh ! vous pouvez être tranquilles ! Je ne serai pas le Cham de l'Écriture, je ne découvrirai pas la honte, je n'étalerai pas les plaies dont souffre mon pays, je n'ajouterai pas un chapitre aux livres scandaleux qui nous inondent. Ceux qui, après avoir causé ces scandales, les ecrivent, avec un luxe de détails et une complaisance qui révèlent le haut prix qu'ils en attendent, ne sont pas à mes yeux des compatriotes, ce sont des fils dénaturés et non des Français. Ce dont je veux vous parler, c'est de la vraie France, de la France chrétienne, fille aînée de l'Église, qui ne vendra pas son droit d'aînesse pour l'assiette au beurre, de la France qui prie, qui travaille, qui accepte tous les progrès, mais qui ne préfère pas l'argent à l'honneur, la terre au ciel.

« Heureusement, cette France existe toujours.

« Sans doute l'athéisme et la maçonnerie ont détourné d'elle un certain nombre de ses enfants, et c'est un crime qui, tôt ou tard, sera sévèrement puni ; mais que d'autres lui sont restés fidèles! Nous en sommes, mes amis, et nous nous en enorgueillissons.

« D'autres ne sont qu'égarés. Séduits par de généreuses illusions tellement enracinées qu'elles résistent même aux dures leçons de l'expérience, ils rêvent encore je ne sais quel Éden chimérique qu'aucun régime ne saurait leur procurer; trompés par une ignorance qu'un peu d'énergie et de travail auraient pu vaincre, ils croient encore à une alliance possible entre les contraires, le feu et l'eau, le bien et le mal, la liberté et la licence, la maçonnerie et l'Église, Satan et Dieu. Ou enfin gênés par un passé qui ne fut pas exempt de fautes, par des oublis qui remontent peut-être loin, moitié par une fausse honte, ils n'osent pas trop se rapprocher de ceux qui furent et qui sont restés leurs véritables amis.

« Mais ceux-là reviendront si chacun de nous sait leur tendre une main secourable, car Dieu *unicuique mandavit de proximo suo.*

« On me dira peut-être : Il n'y aura pas de rapprochement possible entre ces frères, tant que

la politique les divisera. La politique! loin de moi
l'intention de la faire intervenir ici. Je l'ai secouée
vigoureusement en me mettant en route, et aucun
de ses microbes n'est, je le crois, demeuré attaché
à mes vêtements, mais permettez-moi de vous
dire, en me bornant à vous la nommer et en me
servant d'une locution populaire, que trop souvent
la politique a bon dos. C'est la plupart du temps
un simple paravent derrière lequel les passions
humaines jouent les drames et les comédies de ce
monde. Cherchez bien les motifs de telle ou telle
opinion et vous verrez ce que le plus ordinairement vous trouverez; curez bien le bigorneau,
comme disent nos pêcheuses bretonnes, et dites-
moi s'il n'y a pas, au fond, un intérêt d'orgueil,
d'ambition, de fortune, de jouissance? Voilà les
vrais agents de discorde, les vrais générateurs des
Révolutions, les vrais ennemis à combattre, et en
nous-mêmes pour commencer.

« Non, il n'y a pas tant de drapeaux qu'on le dit.

« La plupart des mots dont on se sert pour
désigner les groupes sont des trompe-l'œil.

« Je ne crois guère à la multiplicité des questions politiques, si je crois à celles des questions administratives.

« A mes yeux, il n'y a pas deux questions fondamentales dans la vie des individus ou des nations, il n'y en a qu'une : la question religieuse. Il n'y a que deux partis en présence : ses défenseurs et ses adversaires. Il n'y a que deux drapeaux, ceux qui ont été admirablement décrits par le saint solitaire de Manrèse. Tout le reste est contingent, laissé à la discussion des hommes et à leur choix. Je dis contingent, prenez bien garde, je ne dis pas indifférent, car les institutions elles-mêmes sont soumises aux règles du bon sens, de la logique et de l'expérience ; mais enfin tout cela est libre, n'a d'influence que sur la vie temporelle et ne saurait engendrer que des dissentiments et non des inimitiés.

« Voilà ce qu'il faut dire et répéter, parce que c'est la vérité, parce que c'est le vrai terrain de l'apaisement, *Concordia in fide.*

« C'est sur ce terrain que nous devons appeler

les oublieux et les égarés, car pour nous, nous ne l'avons jamais quitté, et il est assez vaste pour contenir tous les vrais Français. Quand ils s'y trouveront tous réunis, l'ère des divisions sera close, l'ère de la réparation commencera; la France, redevenue une, entourée de tous ses enfants, reprendra à la tête des nations la place qu'elle n'aurait pas dû perdre.

« Utopie! me diront les lassés du combat, ou les caractères impatients, et certes les apparences semblent leur donner raison. Utopie! oui, si nous ne comptons que sur les mérites, les combinaisons ou les habiletés de l'homme. Utopie! non, si nous demeurons les gardiens vigilants, les soldats fidèles, et les apôtres de la vérité.

« Il en est, je le sais, qui se désespèrent en voyant les maux de l'époque, qui rêvent d'exil pour eux et pour les autres.

« Comment peut-on désespérer, quand sur le sol de la Patrie on entend sortir de la poitrine d'un Cardinal français le cri de guerre à l'esclavage et les revendications les plus énergiques de la liberté humaine; quand on voit un amiral français, un ancien Redonnais[1], aller attaquer et vaincre la barbarie dans son foyer même, et surtout quand on pense que sur le seuil du XXe siècle ce sont les pierres elles-mêmes qui du Mont des Martyrs jettent à tous les échos du monde le cri de : Vive la France!

« Ce cri, Messieurs, nous ne pourrons que le répéter, et plein de confiance pour ma part, je lève mon verre en vous proposant de boire à l'avenir de notre pays.

« Vive la France, toujours et quand même! »

(1) Le vice-amiral C. de Cuverville, commandant en chef de la première expédition au Dahomey.

CHAPITRE XVI

Redon

DERNIERS SERVICES RENDUS A L'ASSOCIATION
DES ANCIENS ÉLÈVES
ET AU COLLÈGE SAINT-SAUVEUR

(1892-1893)

CE chapitre sera court. Ouvrons-le sur une apostrophe qui rappelle les meilleurs moments de M. Michel. Elle est de 1892. L'orateur veut ramener les chrétiens endormis ou désespérés ; lui-même est bien quelque peu envahi par la contagion, il a tant lutté ! son corps est brisé maintenant et son âme est troublée par tout ce qui se passe. Malgré cela il retrouve sa vieille énergie d'autrefois et s'écrie : « Des catholiques dormir, quand leurs croyances, leurs prêtres, leurs intérêts sont plus que jamais persécutés ! — Des Français dormir quand la patrie est livrée à la Maçonnerie, quand l'ennemi intérieur est plus redoutable que l'étranger pour l'honneur et la sécurité du territoire, quand la liberté n'est plus qu'un mot mensonger comme l'apaisement qu'on nous offre ! Est-ce possible ?... »

Le 17 octobre 1893, M. Michel venait à Saint-Sauveur pour la dernière fois. Il y arrivait la tête remplie de projets multiples pour l'amélioration du règlement de l'Association : fins principales de l'Association ; présidences d'honneur ; augmentation, élection et réélection des membres du Comité, etc., etc. ; il les développa avec une aisance, un à-propos incroyable, et les fit adopter à mains levées et presque sans soulever d'objections.

L'assemblée semblait avoir la conscience de recueillir les derniers avis et pour ainsi dire le testament de l'un de ses fondateurs les plus chers et les plus capables de l'éclairer dans ses voies.

Elle ne se trompait pas, et ceux qui ont suivi de près les modifications votées ce jour-là, sur l'initiative de M. Michel, ne nous contrediront pas quand nous affirmerons que de nouveaux germes de progrès et de vitalité furent alors déposés dans le sein de l'Association des Anciens Élèves de Redon.

Nous aimerions à parler maintenant des nombreux services rendus par M. Michel à d'anciens camarades qui sollicitaient ses conseils ou son appui dans des circonstances variées, mais la discrétion nous impose un rigoureux silence sur ces faits d'ordre privé.

Nous serions ingrat si nous ne rappelions pas du moins combien vif était l'intérêt qu'il portait à la prospérité de son cher collège et combien il savait utiliser son éloquence pour en faire l'éloge et au besoin pour le défendre contre d'injustes attaques. Le 22 décembre 1893, quelques jours avant sa mort, il lui donna une marque suprême de son dévouement et de son affection. Ayant su mieux que personne quels sacrifices ses anciens maîtres avaient consentis pour doter ce cher Saint-Sauveur d'un nouveau corps de bâtiments et d'une vaste salle de fêtes, n'écoutant que son cœur, et sans craindre les blâmes, ni les qu'en dira-t-on, il lança la circulaire suivante :

Le 22 Décembre 1893.

« MON CHER CAMARADE,

« Je viens de recevoir le compte rendu de notre dernière Assemblée. Le Commandant de Visdelou a vraiment eu un mouvement superbe lorsqu'il nous a enlevé les 2000 francs pour la grande salle neuve de Saint-Sauveur ; mais toutes réflexions faites, je me suis dit qu'au fond, cela ne nous avait pas coûté beaucoup et que les PP. Eudistes eussent été, sans doute, encore plus sensibles à quelques marques de dévouement vraiment *personnel* de la part de chacun de nous, dans les circonstances présentes.

« Jamais, me semble-t-il, nous n'aurons pareille occasion de leur témoigner notre reconnaissance effective, d'autant que je viens d'apprendre le désastre (un incendie considérable) qui vient de frapper leur mission du Canada, à la tête de laquelle un ancien Redonnais est placé, le P. Blanche, que nous connaissons et estimons tous.

« Je suis donc convaincu qu'en ce moment une souscription générale est tout à fait indiquée. Si le P. Léon a plus qu'il ne faut pour achever ses constructions et orner notre salle, il voudra bien adresser le reliquat à ses confrères du Canada, qui seront ravis de ce concours inespéré.

« En conséquence, qui m'aime me suive! Je m'inscris pour *cent francs*, regrettant de ne pouvoir vous donner meilleur exemple, et je vous serai obligé de m'envoyer votre offrande, petite ou grande, suivant vos moyens. Je serai fier et heureux de la transmettre en votre nom à qui de droit.

« Je vous remercie d'avance, et je vous prie d'agréer, mon cher Camarade, avec mes vœux de nouvel an, l'expression de mes plus affectueux sentiments de confraternité.

« *Le Vice-Président*,

« P.-A. MICHEL,

« Ancien Président.

« *La Gouesnière, par Saint-Méloir des Ondes (Ille-et-Vilaine).* »

C'était hardi : M. Michel le comprenait bien lui-même et nous en écrivait ses impressions dans la dernière lettre que nous ayons reçue de lui. De son côté, le R. P. Le Doré, mis bientôt au courant, voulut arrêter cet élan d'un zèle qu'il jugeait trop ardent, mais il était trop tard, et sur tous les points du territoire parvint aux membres de l'Association la dernière preuve de l'inaltérable dévouement de leur vice-président à tout ce qui touchait Saint-Sauveur et les Eudistes. La mort se chargea d'interrompre brusquement la souscrip-tion, mais en moins de huit jours plus de cinquante élèves de tout âge et de tout rang avaient répondu et envoyé leur offrande à M. Michel. Leurs lettres, pour la plupart, sont de véritables monuments d'affectueux respect pour le vice-président, et de piété filiale pour leurs anciens maîtres. Nous ne nous permettons pas d'en publier même une seule, mais nous saisissons avec empressement l'occasion de faire parvenir aux signataires l'expression de notre reconnaissance émue. Ceux qui se savent ainsi soutenus et aimés se sentent plus forts dans le présent et plus confiants pour l'avenir de l'œuvre commise à leur sollicitude.

CHAPITRE XVII

Saint-Malo

LA RÉVOCATION DE M. MICHEL

(1883)

IL nous faut maintenant revenir sur nos pas et raconter des choses qui font rougir — tant elles déshonorent un pays — ceux-là mêmes qui les réprouvent de toute leur âme et voudraient effacer à tout prix ces pages si laides de l'histoire de leur patrie.

La fière et courageuse attitude de M. Michel au lendemain de la fermeture arbitraire de son Cercle rendit plus furieux que jamais ses implacables adversaires : ne pouvant plus — du moins pour le moment — l'atteindre directement, ils frappèrent à ses côtés. C'est ainsi qu'ils se donnèrent la joie de détruire le Cercle de Saint-Servan par un arrêté où nous lisons cette phrase suggestive : « Considérant qu'un certain nombre de membres, notamment le *Président de l'ancien Cercle catholique de Saint-Malo*, assistent, depuis la fermeture de ce dernier Cercle, aux réunions du Cercle catholique de Saint-Servan, et que la fermeture du Cercle catholique de Saint-Malo est ainsi rendue illusoire, arrêtons, etc. » De son côté, le journal *La République* entama une campagne aussi sotte que méchante contre celui qu'elle appelait « le Président-pèlerin » et dont elle avait si grande hâte d'être débarrassée. Les articles odieux, les entrefilets agaçants se succédaient sans interruption et servaient comme de prélude à la fameuse loi d'épuration de la magistrature. Cette loi, des renseignements personnels parfaitement sûrs nous permettent d'affirmer qu'elle fut préparée et proposée par des ennemis de M. Michel.

Ils ne se gênaient pas d'ailleurs pour répéter à tout venant que le premier magistrat *renversé* serait le Président de Saint-Malo. Bien plus, un sous-secrétaire d'État eut l'audace, dans une réunion à Rennes, de tenir le propos suivant : « Je ne défends pas le projet de loi sur la magistrature, car il est mauvais, mais quand il ne servirait qu'à permettre de se débarrasser du Président de Saint-Malo, il aurait toujours cela de bon ! » — Les journaux de l'époque prêtèrent au Ministre lui-même ce mot : « Oui, je ferai voter cette loi, quand ce ne serait que pour pouvoir révoquer M. Michel. » Celui-ci essayait vainement d'atteindre ses détracteurs de la presse et de les traduire devant les tribunaux compétents ; le parquet de Rennes, où régnait M. Quesnay de Beaurepaire, s'opposa toujours à ces légitimes revendications sous prétexte que les journaux de l'opposition en disaient de pires contre les magistrats républicains. Cinq jours avant le vote de la loi qui suspendait l'inamovibilité de la magistrature, M. Michel écrivait à l'une de ses filles : « Mon sort n'est pas douteux, mais je l'attends tranquillement. De quoi me plaindrais-je, après avoir vu Pie IX et Henri V mourir sans avoir obtenu justice ? » Cette loi, disons mieux, cette mesure inique, permettait au Gouvernement de renverser brutalement tous les magistrats, même les plus habiles et les plus intègres, qui s'obstineraient à rendre des arrêts et non des services. M. Michel compta au nombre des premières et des plus glorieuses victimes avec ses anciens amis de Quimper : les Dérôme et les Torquat. On peut dire que sa révocation (23 septembre 1883), comme jadis sa nomination, prit à Saint-Malo et dans toute la région la proportion d'un grave événement. Rien d'étonnant : M. Michel était la personnification du principe catholique, de l'honnêteté publique et de l'ordre moral ; aussi tous les catholiques, tous les honnêtes gens se sentirent frappés par le coup violent qui le précipitait de son siège. On jugera à peine de cette impression faite de douleur et de colère par les lignes suivantes écrites au lendemain de l'inique décret :

« Après avoir expulsé les Religieux de leurs saintes demeures, l'aumônier de la caserne, les Frères de la Doctrine chrétienne de l'école, les Religieuses dévouées des hospices de la capitale, après avoir autorisé l'abattage des croix, après avoir proscrit Dieu lui-même de l'enseignement, après avoir crocheté les portes d'humbles chapelles, la République athée devait naturellement porter la main sur le sanctuaire de la Justice et en expulser les plus dignes, c'est-à-dire les plus chrétiens.

« C'est fait : ayant pu obtenir de la Chambre basse un vote inique, dont rougissent les vrais amis de la liberté, M. Martin-Feuillée s'est chargé de cette vilaine besogne ; il a dressé ses listes de proscription.

« M. le président Michel était signalé par l'ardeur de sa foi catholique, par son inflexible intégrité, par l'honorabilité de sa vie, aux coups du proscripteur : il a été frappé malgré ses connaissances juridiques hors ligne, malgré l'incontestable talent qui le distingue.

« Mais il descend le front haut et l'âme fière
du siège qu'il occupait avec tant de distinction ;
il en descend environné de l'estime, de l'affection
de tous les honnêtes gens, de tous les hommes
de cœur et de foi, et nous ne le plaindrons pas ;
nous le féliciterons, au contraire, de se trouver
parmi les victimes de l'heure présente, car les
tristes jours que nous traversons auront un glorieux
lendemain, nous en sommes convaincu ; et il est
écrit : « Heureux ceux qui souffrent persécution
pour la justice ! »

(Union malouine et dinannaise.)

Le Salut de Saint-Malo s'exprimait en ces termes :

« Néron éclairait les jeux du cirque avec des
chrétiens vivants, entourés de poix enflammée.
M. Martin-Feuillée, dans les arènes où le justi-
ciable combat pour faire triompher le Droit, éteint
l'auréole de respect entourant depuis si longtemps
la magistrature avec quelques gouttes d'encre
boueuse. La chose est signée JULES GRÉVY. C'est
fini. C'est ainsi qu'on voit tomber l'un après

l'autre ceux qui représentaient cette chose immuable : la Justice.

« Au nom de cette justice, sauvegarde de tous ; au nom de la loi, souffletée dans son application, nous vous saluons avec respect, ô vous qui fûtes vraiment des justes et que la République, par la main brutale d'un Martin-Feuillée, bannit, comme Aristide le fut de sa patrie, de l'enceinte des tribunaux. Nous nous découvrons devant vous comme devant les plus pures gloires de notre France que vous honorez par votre caractère en tombant pour la vérité.

« Honneur aux magistrats de Bretagne que M. Martin-Feuillée immole au minotaure.

« M. le président Michel devait tomber à côté des magistrats bretons qui ont jugé selon leur conscience les crochetages des maisons d'école ou de prière, lors des décrets...

« Nous ne sommes pas surpris de trouver parmi ces victimes l'honorable M. Michel, qui n'a nullement éprouvé d'étonnement d'être mêlé à l'éminente série des présidents immolés.

« Il s'attendait à suivre dans leur noble exil judiciaire ces fiers magistrats qui s'appellent Dérôme, Ysopt, Torquat, Le Gall de Kerlignou, Gagon, etc.

« Chef de parquet, M. Michel avait encouru en poursuivant partout où il les trouvait les actes délictueux, des haines qui ne pardonnent pas. *L'Opinion Nationale* avait, il y a quelque dix ans, désigné déjà M. Michel aux vengeances radicales.

« M. Martin-Feuillée a payé à échéance la lettre de change tirée par l'organe des radicaux d'alors.

« Les capacités de M. Michel, la dignité de sa vie, son impartialité bien connue, sa valeur comme magistrat, valeur non contestée même par ses adversaires, n'ont pas fait trembler la main de M. Martin-Feuillée, déjà habitué à la besogne.

« L'honorable M. Michel emporte dans sa retraite l'estime de ceux qui l'ont connu, et, on peut le dire, de toute la population malouine.

« Il tombe environné d'une considération qui ne fera que grandir, et son nom demeure inscrit au Livre d'Or, dans les annales judiciaires, car il est de ceux dont on peut dire : Bienheureux ceux qui souffrent persécution pour la justice.

« Depuis l'apparition du décret annonçant sa mise à la retraite, la maison de l'ancien président du Tribunal a été assiégée de visiteurs empressés à lui témoigner l'expression de leurs sympathies.

« Riches et pauvres, les justiciables appartenant à toutes les sphères sociales ont voulu marquer à l'honorable M. P.-A. Michel les regrets que leur cause le départ du magistrat dont la devise est résumée dans cette parole célèbre : « Les tribunaux ont été constitués pour punir le crime et non pour faire le procès à la vertu. »

Le *Livre d'or de la magistrature* recueillait à son tour le nom de M. Michel et le faisait suivre de la notice qu'on va lire :

M. MICHEL

PRÉSIDENT A SAINT-MALO

29 ans de service, dont 9 comme président.

« Avait montré un rare talent d'orateur dans les fonctions du parquet; devenu président, il déploya d'éminentes qualités de jurisconsulte, et on put se demander ce qu'il fallait priser le plus, de l'éloquence de ses réquisitoires ou de la netteté de ses jugements; il avait toutefois, comme juge, un grave défaut, celui d'être indépendant.

« De plus, il était chrétien, le disait tout haut, et parfois le disait si bien que ce diable de petit homme, expansif et chaud, vif comme la poudre, enlevait son auditoire même à côté de M. de Mun.

« Aussi s'est-on empressé de dépouiller, au profit d'un néo-républicain incapable, ce père de famille qui n'a que de modestes ressources et huit enfants ; bonne action parfaitement digne de notre honnête gouvernement.

« Et le garde des sceaux qui a ainsi dépouillé son ancien camarade de droit, a peut-être reçu du beau-père de M. Michel, comme presque tous les avocats et magistrats de Bretagne, les leçons qui ont été le premier instrument de son élévation ; il a oublié le professeur comme il a oublié l'enseignement, car ce n'est pas là à coup sûr qu'il a appris de quelle manière il fallait procéder pour faire crocheter les couvents impunément. »

M. Michel n'était pas homme à se laisser égorger sans faire entendre les nobles accents d'une victime injustement dépouillée et sacrifiée par un oppresseur d'autant plus lâche qu'il était plus puissant. Nous devons à sa mémoire, à l'honneur de sa famille, de reproduire *in extenso* la lettre suivante qui parut à l'époque dans tous les journaux conservateurs de Bretagne et dans plusieurs feuilles de Paris :

« *Saint-Malo, le 26 septembre 1883.*

« Monsieur le Rédacteur,

« Quand un magistrat est, avant l'âge, rayé des cadres judiciaires, en présence du décret qui le frappe sans explications, le public se demande quelle faute il a pu commettre pour mériter pareille rigueur. Cette question va se poser pour moi ; je ne puis la laisser sans réponse.

« Le Ministre de la Justice ne m'ayant donné aucun avis préalable, ne m'ayant point accusé, ni, par conséquent, mis à même de me défendre, je suis réduit à former des conjectures. Cependant je ne crois pas me tromper sur les causes de mon expulsion :

« 1° J'ai eu, paraît-il, le tort de croire que la Justice ne devait être d'aucun parti, c'est-à-dire *impartiale,* et s'administrer de la même manière, quelle que fût la forme du gouvernement. Il faut, au contraire, dit-on, que sous la République la justice soit républicaine. A ce compte, elle devrait être royaliste sous la Royauté, et impérialiste sous l'Empire, j'en demande pardon à M. le Garde des Sceaux, mais cette doctrine est la négation pure et simple de la Justice, et j'en laisse la responsabilité à qui de droit.

« 2° A défaut d'actes politiques qu'on ne pouvait me reprocher, parce que je n'en ai pas commis, on a pu invoquer contre moi la fameuse maxime : « *Le cléricalisme, voilà l'ennemi !* » Je n'ai jamais, en effet, caché mes opinions sincèrement et profondément catholiques, et on en aura conclu qu'étant catholique, je ne pouvais être républicain.

« Il y a du vrai dans ce raisonnement ; mais, est-ce ma faute à moi, si République et Catholicisme sont incompatibles ? Je n'aurais jamais osé le dire et j'aurais peut-être hésité à le croire si M. Martin-Feuillée lui-même n'était venu le prouver à mes dépens et aux dépens de plus vaillants que moi. Toutefois cette triste expérience apporte avec elle sa consolation. Si de ces deux ennemis, Catholicisme et République, l'un doit disparaître, les victimes des décrets de 1880 et de 1883 sont sûres d'être vengées !

« En prenant possession du parquet de Saint-Malo, le 20 mai 1870, je disais aux justiciables du pays que mon unique ambition serait de mériter leur estime. Ai-je réalisé ce vœu pendant les treize années que j'ai passées au milieu d'eux ? En m'expulsant, M. le Ministre dit : Non ! Eh bien ! je défère son arrêt au tribunal souverain de l'opinion publique, et j'espère qu'il sera cassé.

« Que je sois condamné à périr dans l'affreux cataclysme qui emporte la magistrature française, soit ! mais je veux du moins que mon honneur échappe au naufrage !

« En mon nom et au nom de mes enfants, je demande que cette protestation nécessaire soit rendue publique.

« Veuillez agréer, Monsieur le Rédacteur, avec mes remerciements anticipés, l'assurance de mes sentiments très distingués.

P.-A. MICHEL,

« *Ancien Président du Tribunal Civil de Saint-Malo.* »

Des monceaux de lettres et de cartes affluèrent sur la table du magistrat expulsé ; les de Sonis, les de Mun, les Grivart, les Dauchez, les Dérôme, les de Châteaubriand et beaucoup d'autres personnages se hâtèrent de lui exprimer les sentiments qui les animaient dans cette grave circonstance. Les citer serait inutile ; tous en effet se rencontrent dans la même pensée de mépris pour les vils oppresseurs et d'estime pleine de sympathie pour la noble victime. Les félicitations arrivèrent de tous les points de la France, de Brest et d'Avignon, de Toulouse et de Rouen, mais ce qui est plus curieux, et qui devrait faire réfléchir les bourreaux, s'ils étaient capables de réfléchir, nous en possédons une quantité notable émanant des Parquets les plus en vue, de la Cour des Comptes et même de la Cour de Cassation. On comprendra ici notre absolue réserve, car ces temps lamentables ne sont pas encore finis, et la basse délation veille à toutes les portes et feuillette toutes les pages pour y relever des suspects et des proscrits. Il y aurait pourtant de belles citations à

reproduire dans ces saluts fraternels adressés au
« magistrat irréprochable et fier, au catholique
persécuté, à l'homme de foi, au martyr de la
plus sainte des causes. »

CHAPITRE XVIII

Saint-Malo et Redon

HOMMAGES PUBLICS AU MAGISTRAT RÉVOQUÉ

(1883)

ON s'y attend. Aux manifestations privées succédèrent bientôt les manifestations collectives, celles des Cercles voisins, de celui de Cancale, par exemple, et surtout celles du Cercle de Saint-Malo. Une pétition circula dans la ville et fut en peu de jours couverte de signatures recueillies principalement dans la classe populaire où M. Michel avait fait tant de bien.

Parmi les manifestations, un punch d'honneur organisé par soixante notables de Saint-Malo ne fut pas la moins honorable pour le magistrat « mis à la retraite » et la moins significative pour le Gouvernement épurateur. La soirée fut très animée; M. Michel s'y montra tout pétillant d'humeur et d'esprit, malgré les gros soucis qui le préoccupaient. MM. P. Bazouge et F. Bazin y lurent deux courtes poésies qui résumaient parfaitement le sentiment universel : elles ont droit de figurer dans ces pages.

A Monsieur P.-A. Michel

PRÉSIDENT DU TRIBUNAL DE SAINT-MALO
ADMIS A LA RETRAITE

Intègre magistrat, vous dont la conscience
N'aura jamais fléchi quand parlait le devoir,
Vous quittez le Palais, par décret du Pouvoir,
Laissant un souvenir d'honneur et de science.

Vous n'avez jamais su ni ramper ni mentir;
On vous avait choisi comme étant le plus digne.
Mais les temps sont changés et vous allez partir :
Gloire à vous, vrai Breton, que l'injustice indigne.

Serviteur obstiné du Droit qui ne meurt pas,
Vous avez vu soudain briser votre carrière.
Vous partez le cœur haut, souriant, l'âme fière ;
Mais la Justice en deuil accompagne vos pas.

Paul BAZOUGE.

A Monsieur P. Michel

PRÉSIDENT DE L'EX-TRIBUNAL CIVIL DE SAINT-MALO

Vous voilà donc brisé par un règne odieux
Pour n'avoir pas fléchi, pour n'avoir pas su feindre ;
Mais, voyez : votre sort a fait des envieux :
Chacun vous applaudit, nul ne songe à vous plaindre.

Vous étiez un péril, et l'on vous a surpris
— C'est grave — en pourparlers fréquents avec l'étole :
Martin, sous la feuillée, a jeté de grands cris,
Et seul il a, ma foi, sauvé le Capitole.

Votre rigidité pouvait bien, entre nous,
Gêner vos ennemis dans leurs desseins peut-être :
Il faut qu'un juge apprenne à plier les genoux
En face du dernier pouvoir venu, son maître.

Tant pis pour les vainqueurs, car tout aura sa fin,
Même des mécréants les injustes conquêtes...
En attendant qu'un jour ils l'apprennent enfin,
Soyez content, Monsieur : l'honneur est où vous êtes.

François BAZIN.

Quelques semaines après, M. Michel se retrouvait à Redon pour la réunion des anciens élèves. Il est facile de se rendre compte de l'accueil à la fois sympathique et enthousiaste qui lui fut réservé. Plusieurs orateurs traduisirent dans un ferme et beau langage la pensée de tous, mais c'était celui de la victime elle-même que chacun voulait entendre dans cette grande circonstance.

« Enfin M. Michel se lève, nous dit le compte rendu de l'année 1883 ; dès que l'on s'en aperçoit, il arrive ce que Virgile peint si bien.

> ..... *Si forte virum quem*
> *Conspexere, silent.*

« A la faveur de ce religieux silence, notre digne vice-président prononce l'allocution suivante, accueillie par de fréquents bravos et dont personne n'a perdu la moindre syllabe :

« MES CHERS CAMARADES,

« Merci ! mille fois merci, de la sympathie que vous avez bien voulu me témoigner ; merci surtout à mes vieux et fidèles amis, le R. P. Le Doré, notre président, Joseph Martin d'Auray, notre député loyal et sans reproche, et à mon camarade Baume, bientôt mon confrère, dont le cœur a si bien interprété vos sentiments. Le dossier des témoignages que j'ai reçus est déjà volumineux; le vôtre ira le grossir, et ce ne sera pas le moins précieux. Croyez bien que je ne relirai jamais sans émotion ces hommages touchants d'approbation et d'affection et que je ne les montrerai pas sans un légitime orgueil à ceux qui plus tard me demanderont l'histoire de ma vie, quoique à vrai dire on ne soit pas un héros pour avoir simplement rempli son devoir. Mais l'estime des honnêtes gens console de l'iniquité des autres! Ce m'est d'ailleurs plus qu'un honneur, c'est une grâce d'avoir été jugé digne de souffrir pour la justice et le souvenir du 23 septembre 1883 sera la meilleure part de l'héritage que je laisserai à mes enfants! Autre motif de consolation : La liberté m'est rendue; j'en userai!

« Maintenant permettez-moi, cette dette payée, de me rappeler que le moi est haïssable et de m'élever un peu au-dessus des questions personnelles. — Comme nous disions au Collège : *Paulo majora canamus !*

« Mes amis, il est un toast que j'aime à porter, parce que c'est celui qui traduit le mieux les sentiments qui me préoccupent le plus, après le salut de mon âme, c'est le toast à la France !

« Pauvre France, en quel état la Révolution la met ! Que de ruines sur son sol, que d'écroulements accomplis ou médités ! Ne désespérons pourtant pas. Jetons les yeux sur la carte du monde ; nous verrons que la France, même aujourd'hui, sous le règne satanique de Sa Majesté la F∴ M∴, est toujours le missionnaire de Dieu sur la terre.

« La Providence a toujours lié si intimement les destinées de notre cher pays à celles de l'Église, les œuvres catholiques sont si vigoureuses que, si grand que soit le mal, si obscure et si redoutable qu'apparaisse l'avenir, il nous est bien permis de croire qu'il y aura une seconde partie à l'admirable livre : *Gesta Dei per Francos !*

« Notre devoir, à nous, ses enfants, c'est de préparer ce retour de la grandeur nationale, nous le pouvons, si nous le voulons, et le moyen est bien simple : c'est de substituer à l'émiettement la cohésion ; à de vaines querelles, à des désaccords sans raison sérieuse l'union de nos volontés et surtout de nos efforts. Ne soyons. pas trop pessimistes et n'oublions pas que l'abandon d'une cause juste est une lâcheté ! En définitive, qu'est-ce qui nous divise ? de simples préjugés ou une simple ignorance. Travaillons à dissiper les uns et à détruire l'autre.

« Aux portes de Genève, se trouve le confluent de deux cours d'eau. L'un de ces cours d'eau est le Rhône. Il est bleu et pur comme l'azur du ciel ; ses eaux sont tièdes, pendant l'été, comme celles d'un fleuve d'Italie. L'autre est l'Arve, rivière qui vient des montagnes, dont les ondes, pures à leur source parce qu'elles étaient neige avant d'être eau, sont devenues sales et noires en courant sur un lit fangeux et n'ont conservé de leur origine qu'un froid glacial qui donnerait la mort au baigneur imprudent.

« Quand ces deux cours d'eau se sont rejoints, pendant quelque temps ils coulent côte à côte, sans se mélanger, l'un toujours bleu et tiède, l'autre toujours sombre et toujours glacial. Mais, si nous les suivons un peu plus longtemps, nous verrons peu à peu l'Arve se dépouiller et devenir limpide. Si nous y trempons la main, nous sentirons que sa température s'est élevée, parce que le Rhône plus puissant en volume lui a communiqué sa chaleur.

« Faisons encore quelques lieues et les deux cours d'eau ne vont plus former qu'un seul et même fleuve majestueux.

« Voilà, Messieurs, ce qui se produira chez nous, si nous le voulons bien. Que les catholiques laissent leurs frères égarés se rapprocher d'eux; qu'ils facilitent l'union! Peu à peu les préjugés disparaîtront, les cœurs se réchaufferont, et après s'être côtoyés au début, les deux groupes ne formeront bientôt, dans le pays, qu'un seul et vaste courant, le grand courant national catholique et français.

« Telles sont, Messieurs, mes plus douces espérances pour l'avenir, car là, et là seulement, est le salut de notre chère patrie.

« La patrie! quel mot, chers amis, dans la bouche d'un citoyen! que de choses il retrace, que de vibrations il produit dans tout notre être! En un clin d'œil, il remue tous les sentiments; on se sent tour à tour fier, radieux, triste ou blessé suivant que la fortune du pays s'élève ou s'abaisse, mais toujours le cœur s'allume et on se prend à aimer avec passion!

« Ah! c'est qu'en effet le mot de patrie est le plus compréhensible et le plus électrique de tous les mots.

« La patrie ce n'est pas seulement la circonscription géographique, la ville, le palais ou la chaumière où l'on est né et où l'on vit; ce n'est pas une image d'espace limité, de murailles, ni même des beautés du pays natal; c'est bien un

peu cela, mais c'est bien autre chose ! La patrie !
c'est tout à la fois le culte du Dieu de son père,
le souvenir de la première prière bégayée sur les
genoux de sa mère ; c'est l'église de son baptême,
de sa première communion, de son mariage ;
c'est le berceau de ses enfants, la tombe des vieux
parents ; c'est le visage et la main d'un ami ;
c'est la gloire accumulée du passé, les tristesses
d'aujourd'hui, les espérances de l'avenir. C'est le
drapeau que Dieu parfois humilie, mais pour le
relever plus honoré ensuite ! La patrie, en un
mot, est le faisceau complet de toutes nos fibres,
c'est la synthèse de toutes nos affections de la
terre et avant elle Dieu seul a le droit de passer.

« Eh bien, Messieurs, cette patrie bien-aimée,
de nouveaux Sarrasins la menacent et avec elle
l'Europe entière ; Dieu le veut : le Pape le
demande, prenons la croix et courons à Lépante !

« Je bois au triomphe de la France chrétienne ! »

M. Michel n'avait pas de fortune et sa famille
était nombreuse : huit enfants attendaient de lui
le pain de chaque jour, et sa position ruinée,

c'était la misère à brève échéance, si Dieu ne venait pas à son aide ! Les intimes recherchaient avec lui la solution de ce terrible problème matériel ; plusieurs faisaient d'actives démarches ; un grand journal parisien parlant de lui, disait à sa riche clientèle : « Le magistrat que nous recommandons n'a commis d'autre crime que celui de s'être tenu à l'écart de toutes les intrigues malpropres sans lesquelles il est impossible de réussir sous l'aimable régime actuel. Il connaît merveilleusement les affaires. Son activité et sa pratique du droit le mettent à même de rendre de grands services. » En attendant et tout en réservant l'avenir, M. Michel prit la résolution de demeurer attaché comme avocat au Tribunal de Saint-Malo. La compagnie s'honora par l'empressement avec lequel elle inscrivit l'ancien président sur ses rôles et bientôt parmi les membres de son Conseil. Elle continua dans la suite à lui prodiguer en toutes occasions les marques de sa constante estime et de son entière déférence.

Son successeur au siège, un ancien subordonné, ne fut pas toujours aussi délicat. On raconte qu'un jour M. Michel étant au barreau, et un juge manquant, le président crut pouvoir l'inviter à monter auprès de lui : « Permettez-moi de vous rappeler, Monsieur le Président, que la présidence m'a été retirée comme indigne ; par respect pour cette décision, je ne puis devenir juge .» Le barreau et l'auditoire sourirent ; le président nouvelle-couche se mordit les lèvres et n'y revint pas.

Nous terminerons ce chapitre si consolant et si triste à la fois sur un mot sublime de M. Michel à un ami qui lui adressait ses condoléances indignées : « Dieu l'a permis. L'honneur est sauf : c'est bien ! *Sursum corda !* et à la besogne pour mes huit enfants ! »

CHAPITRE XIX

Angers

LE JOURNALISTE

(1885-1891)

Après quelques mois de séjour à Saint-Malo comme avocat, une occasion s'offrit à M. Michel de trouver une situation moins précaire et mieux en rapport avec ses goûts. Il fallait, il est vrai, quitter la Bretagne et cette ville aimée où tant de souvenirs, les uns agréables, les autres douloureux, le rattachaient si fortement, mais un sacrifice de plus dans sa vie n'était pas suffisant pour le faire reculer, et puis l'occasion de la lutte si chère à cette âme vaillante s'offrait sous un nouvel aspect bien fait pour lui plaire. Un grand organe royaliste angevin : *Le Journal de Maine-et-Loire*, le demandait pour Directeur politique. Il accepta. Administrateurs et actionnaires s'aperçurent promptement, en voyant le tirage quotidien augmenter et les dividendes semestriels grossir, qu'ils avaient fait une bonne acquisition : disons qu'ils surent plus d'une fois le reconnaître et faire à M. Michel des conditions très honorables.

Le Directeur du *Maine-et-Loire* n'était pas de ceux qui acceptent une position à demi : il se donna tout entier à son nouveau genre de vie et bientôt dans l'Anjou, amis et ennemis comprirent que l'étranger fraîchement arrivé était de ceux avec lesquels il faudrait compter.

Mgr Freppel, qui se connaissait en hommes, ne fut pas le dernier à s'apercevoir de la valeur réelle de M. Michel, et bien que n'ayant pas toujours les mêmes vues, il ne négligeait pas de l'appeler fréquemment dans son palais et de conférer avec lui sur les événements qui se précipitaient de jour en jour plus lamentables pour l'Église de France.

M. Michel était tout d'une pièce : les réticences et les compromissions ne faisaient pas son affaire. Hélas ! il ne lui fallut pas longtemps pour s'apercevoir que le journalisme ne vit guères que de demi-vérités et de sous-entendus forcés. Lorsque le Comte de Paris, mal inspiré ou mal conseillé, se laissa glisser « d'une manière ni loyale, ni royale » dans l'aventure du Boulangisme, M. Michel écrivit à un ami ces tristes, mais prophétiques paroles : « La politique m'écœure. On ne me demande pas d'écrire ce que je ne pense pas, mais on m'interdit de dire ce que je pense... Boulanger rend tout le monde fou : bonapartistes et royalistes s'imaginent qu'ils vont l'exploiter à leur gré et lui faire tirer les marrons du feu. Ce sont des niais. Boulanger est un polisson et un esprit médiocre, mais il est ambitieux et ne travaille pas pour autrui... La politique, je le répète, est aujourd'hui une cuisine repoussante. Il faudrait renverser la marmite et appeler un véritable chef; or les gens à antipathies systématiques, Césariens ou Chambordistes, n'en veulent pas. Tout cela finira mal. » Ceux qui liront ces lignes avoueront que le journaliste d'Angers avait la vue claire et que la suite des événements lui a donné trop complètement raison.

Découragé du côté politique, M. Michel le fut bien davantage lorsqu'eut retenti le fameux toast qu'il appela le pétard d'Alger. Dès qu'il sut que tout avait été pesé, prémédité et quasi prescrit par l'autorité souveraine, il se sentit frappé au cœur et comprit qu'il devrait sous peu poser sa plume et cesser le combat. Cependant, à l'apparition de l'Encyclique qui prescrivait aux Français de se soumettre aux pouvoirs constitués et de faire la guerre à la législation sectaire, M. Michel écrivit : « Les pouvoirs établis, je les ai toujours acceptés, alors même que je les ai trouvés les plus canailles; la guerre à la législation impie, je n'y ai jamais manqué et je n'y manquerai pas. On me laisse libre de croire spéculativement que le régime monarchique en France serait préférable au républicain : c'est tout ce qu'il me faut. »

La monarchie constitutionnelle apparut toujours à M. Michel comme la seule forme de gouvernement acceptable et profitable en France. Voici ce qu'il répondait à un jeune homme anxieux sur ces questions si difficiles : « Vous me dites que vous ne pouvez être royaliste, mais que vous ne voulez pas être républicain. Diable ! Voilà une position délicate ! Elle rappelle un peu celle de l'homme entre deux selles. Vous rejetez aussi les pouvoirs électifs ? Fort bien, mais quoi donc alors ? La Théocratie ? Si Dieu lui-même nous la donnait, j'en serais bien enchanté ; mais si les hommes l'établissaient, je craindrais beaucoup que la France ne se fît huguenote pour s'y soustraire. Nous sommes créés pour le ciel et le catholicisme nous y mène tout droit, si nous voulons, mais c'est en traversant la terre, et une terre particulière qui s'appelle la patrie, dans laquelle il faut s'arranger pour poursuivre sa véritable fin. Or, pour cela, il faut de l'ordre, de la stabilité, une liberté réglée, des lois sages, des administrateurs honnêtes. Notre tempérament et notre histoire nous prouvent qu'on ne trouve tout cela qu'en monarchie. Rendons à notre pays les institutions que l'Église a créées, qu'elle a acceptées et qui ont fait sa grandeur. » Ailleurs : « On a vu et on reverra, j'espère, une monarchie chrétienne. On ne peut pas voir un bonapartisme chrétien ou une république chrétienne, en France bien entendu, car tous les deux sont les enfants de la Révolution, et des enfants fiers de leur mère. Dans ces deux partis, il y a des individus religieux et de bonne foi, mais les systèmes en eux-mêmes sont révolutionnaires, c'est-à-dire faux et dangereux. »

Vers la fin de son séjour à Angers, M. Michel eut à souffrir une épreuve d'un autre genre et plus personnelle. L'un de ses anciens collègues, homme d'esprit mais d'opinions peu fixes, se permit à son égard des insinuations perfides et des calomnies indignes. « Pour avoir raison de ce gaillard-là, disait M. Michel, à ma prose il faudrait ajouter une pointe d'épée : il sait bien que mes convictions religieuses s'y opposent et il en abuse lâchement. » Ceux qui ont connu M. Michel à cette époque savent combien cette guerre malhonnête lui fut cruelle.

Le chagrin qu'il éprouva de ce côté, la fatigue intellectuelle et physique que lui causa la direction de quatre journaux qui lui fut imposée successivement, les difficultés morales résultant pour lui de l'orientation de la politique du Saint-Siège, expliquent assez les secousses violentes et répétées qui vinrent ébranler tout son organisme et l'avertir que l'heure de la retraite avait sonné. Il se rendit aux conseils des docteurs et aux désirs de sa famille et donna sa démission. Immédiatement, les témoignages les plus sympathiques lui arrivèrent de tous côtés, et puisqu'on a dit et répété que M. Michel se faisait beaucoup d'ennemis par son caractère entier et ses paroles vives et mordantes, j'en citerai deux qui seront une réponse péremptoire. Le premier est d'un ami : « Je viens d'apprendre que votre santé ne vous

permettait pas de conserver vos fonctions et que
vous alliez retourner en Bretagne où vous avez
laissé de si honorables souvenirs de loyauté, de
capacité et d'honneur. Ces mêmes qualités, vous
en avez fait preuve en Anjou, où tout le monde
rendait justice à votre caractère si élevé et aux
éminentes qualités qui vous distinguent. » Le
second émane d'un adversaire : « X... saisit
l'occasion de la retraite de Monsieur Michel pour
lui renouveler l'expression de ses sentiments très
sympathiques. Il regrette de ne pouvoir pas dire
publiquement toute l'estime qu'il porte à un
confrère qui, par la sincérité de ses convictions et
la droiture de son caractère, a grandement honoré
la presse. »

Quant à lui — bien libre cette fois — il poussait ce cri sincère : « Dieu ! Que je suis heureux
de n'être plus journaliste ! »

CHAPITRE XX

Saint-Malo et Angers

LE CHRÉTIEN DANS LA VIE DE FAMILLE
CORRESPONDANCE INTIME

On a souvent reproché aux hommes publics de n'avoir plus dans la vie privée le même courage ni les mêmes vertus. Nous pensons que c'est un devoir pour nous de montrer M. Michel, dont la vie extérieure est désormais terminée, tel qu'il était au foyer domestique, volets fermés et chambre close, auprès de sa femme, au milieu de ses enfants. Ayant été admis, à plusieurs reprises, à vivre de cette vie, nous avons autorité pour en dire quelques mots avec discrétion et en toute sincérité.

Il était difficile de trouver un époux plus aimant, un père plus tendre et plus ferme, un homme plus simple. Toujours gai, même dans les moments les plus pénibles, il avait une conversation instructive, intéressante, élevée, dont il tâchait de faire profiter son entourage. C'est que s'il était l'âme des œuvres extérieures, il était aussi la vie et la joie de son foyer. Se reposant le soir auprès de sa chère femme et de ses enfants des labeurs et des soucis quotidiens, il goûtait vivement le bonheur de se sentir entouré de l'affection des siens et du dévouement sans bornes de celle à la sagesse et à la piété de laquelle il abandonnait si volontiers le gouvernement de l'intérieur.

Allant droit au but et ne discutant jamais avec Dieu, il lui accorda d'abord son fils aîné, qui, ses études achevées à Saint-Sauveur, voulut entrer dans la Société des Eudistes, ses anciens maîtres et les maîtres de son père; il lui accorda plus tard, sans tergiverser davantage, deux de ses filles, qui se consacrèrent au Seigneur, l'une au monastère de la Visitation à Orléans, l'autre dans la congrégation des Sœurs de Saint-Vincent de Paul.

En envoyant son cher Édouard au Noviciat Saint-Joseph de Kerlois, il écrit au Père maître : « Voilà une âme vis-à-vis de laquelle va cesser ma responsabilité : j'ai rempli ma tâche bien ou mal, mais je l'ai remplie, et la vôtre va commencer. » Il ne cesse pas pour cela d'écrire à cet enfant des lettres remplies d'affectueuse tendresse et s'efforce de le mettre au courant de la situation générale des catholiques français vis-à-vis d'un gouvernement dont l'audace croît avec les inespérés succès. « En face de ces infamies, lui écrit-il un jour, les catholiques, en 1845, à la voix de Montalembert, auraient pris les armes. Aujourd'hui, quelques-uns déplorent, un plus petit nombre prient, la plupart laissent faire, laissent passer. Je ne vois que la misère matérielle qui puisse avoir assez de force pour agiter désormais les Français ; tout ce qui est d'ordre surnaturel ou moral dépasse leur entendement, et leur égoïsme reste sourd à toute autre voix qu'à celle de l'intérêt, de l'argent ou de la jouissance. »

Une autre fois, il le chapitre sur l'Œuvre des Cercles : « En perquisitionnant la petite bibliothèque, j'ai trouvé l'Instruction sur l'Œuvre des Cercles ; tu ne l'as donc pas emportée ? Je le regrette, car même si tu n'avais pu l'étudier de temps à autre, tu aurais pu la communiquer au P. Gobert, à moins que, comme tant d'autres, vous ne voyiez dans cette Œuvre qu'un effort généreux, mais sans résultats possibles ! — Nous sommes cependant les seuls laïcs, avec les hommes des Universités catholiques, qui sortent de la région des théories pour entrer dans le travail pratique antirévolutionnaire. S'il y a plus tard une armée du bien, c'est nous qui aurons réuni les soldats. On le saurait, si on voulait s'instruire, et on ne s'exposerait pas, comme le R. P. X., à prononcer autant d'erreurs que de mots en jugeant une chose que l'on ignore absolument. Dis-tu au moins la prière que tu t'es engagé à dire en signant l'acte d'adhésion ?... Je serais peiné qu'il en fût autrement. »

Les fameux décrets de proscription sont publiés, M. Michel en est indigné et attristé : il se trouble au sujet de son fils : « Espérons que tout ce mauvais grain ne lèvera pas, sinon, grand Dieu, où en serions-nous ? Ce sont les forces vives du pays dont on a juré la destruction : le clergé, la magistrature et l'armée... Que Dieu ait pitié de nous, des Congrégations religieuses, de toi, de moi et de toute notre famille ! »

Voici de nouveaux coups qui se préparent contre l'Église et contre le Christ : le service militaire imposé aux séminaristes et la laïcité absolue de l'enseignement primaire. Pour M. Michel, protester semble puéril ; se révolter lui irait mieux, mais où est la force centralisatrice contre une force brutale mille fois supérieure ? « Non, c'est fini du côté humain : reste le côté surnaturel. On prie beaucoup ; si l'on poussait de la prière jusqu'à la pénitence, peut-être que le bon Dieu finirait par nous délivrer de ces grands misérables; en tous cas, lui seul le peut. »

M. Michel envisage l'avenir avec une perspicacité que l'on admirera certainement. « Tout marche avec rapidité, écrivait-il en 1880; la révolution, comme les Prussiens ses amis, opère un long mouvement tournant; toutes ses troupes se massent, elles avancent prudemment, légalement, mais sans s'exposer trop au feu de l'opinion. Celle-ci est préparée de longue main; on fait le siège en règle et l'on n'attaque qu'un point à la fois, tout en investissant de toutes parts. Déjà le Conseil supérieur de l'instruction publique est au pouvoir de l'ennemi; l'école primaire se laïcise, l'enseignement supérieur se discute et va voir son sort fixé sous peu de jours. Si l'éloquence de J. Simon, malheureusement trop mêlée de vrai et de faux, vient à l'emporter, le fameux article 7 sera repoussé; mais le reste de la loi passera, et ce sera même alors la suppression de la liberté. Si l'article 7 passe, ce sera un pas de plus, la proscription et la persécution. Une bonne partie de mon âme est attachée à ce grave débat ; je me sens menacé dans ce que j'ai de plus cher, dans mes croyances et dans mes enfants petits et grands : aussi, je dévore les magnifiques revendications de nos orateurs catholiques : Chesnelong, Lucien Brun, Baragnon et autres. S'ils échouent, la génération qui naît fera un jour sauter la France comme les nihilistes viennent de faire sauter le palais du Czar. »

Le moment de la consécration religieuse étant arrivé, le fils de M. Michel s'empressa de la lui annoncer, il reçut aussitôt ces lignes dignes d'un saint : « Mon cher enfant, jeudi soir, tu ne feras pas ton sacrifice tout seul, ta mère et moi nous nous y associerons de tout cœur, trop heureux de pouvoir offrir au bon Dieu, qui a tout fait pour nous, l'aîné de nos quatre fils. Depuis que nous avons connu ta vocation, bien loin de nous plaindre, nous l'avons toujours considérée comme une grâce insigne accordée à notre famille, et pour ma part je trouve en ce moment l'occasion de tenir une promesse que je renouvelle chaque soir depuis bien des années. Chaque soir, en effet, je termine ma prière spéciale pour mes enfants par ces mots adressés à la Sainte Vierge : « Conservez-les-nous, obtenez-nous de les élever bien chrétiennement, et si un jour le bon Dieu leur inspire la vocation religieuse, nous promettons de ne rien faire pour les en détourner. » Tu vois jusqu'ici que nous avons été exaucés et qu'en gens d'honneur nous devons payer notre dette sans nous faire tirer l'oreille. Donc, jeudi soir, ne te trouble pas au sujet de tes parents, ils te tiennent de Dieu, ils te remettent entre ses mains, grâces Lui en soient rendues ainsi qu'au R. P. Eudes..... Sois béni du fond du cœur, par nous, au nom de l'autorité qui nous a été donnée sur toi et à laquelle désormais nous renonçons généreusement en faveur de tes supérieurs ; sois béni surtout par Dieu à qui tu te consacres, afin que tu sois un saint prêtre et un saint religieux. »

Désormais ce fils deviendra un confident et un conseiller ; c'est ainsi qu'à propos de la menace de la suppression du serment judiciaire religieux, M. Michel écrit à son *théologien* pour lui demander son avis et celui de ses professeurs. « Le parjure arrêtant beaucoup plus les faux témoins que le mensonge, le serment n'est pas seulement le moyen nécessaire, mais souvent le moyen unique de trouver la vérité. Comment fera le magistrat privé de cet instrument indispensable ?... Et quand Dieu et son image seront mis à la porte des tribunaux, le juge catholique pourra-t-il rester après Lui ? »

Le vénéré Curé de Saint-Malo, tenant à honorer le père dans le fils récemment promu au Diaconat, l'invite à prêcher l'Assomption à la Cathédrale. Pour un début, c'était assez effrayant ; mais les supérieurs ayant parlé, M. Michel de venir au secours d'une timidité bien explicable. « Il n'y a plus à reculer : il faut regarder devant soi... Ton débit ne peut être bien mauvais étant donné ton éducation. Quant aux gestes, les moins pensés sont les meilleurs. En pareille matière, la nature se suffit à elle-même, et souvent on tombe dans le faux en voulant réagir contre elle. »

On se demande comment, au milieu de toutes ses occupations, M. Michel trouvait moyen d'écrire aussi longuement et aussi en détail à ses enfants. Il se plaignait bien parfois des dures nécessités de son existence : « La vie est un torrent si rapide que les voyageurs ont à peine le temps de faire escale pour se serrer la main une minute. C'est la guerre, la guerre impitoyable avec ses attaques, ses surprises et ses défenses. Chaque jour amène un nouveau péril et, au milieu de ces préoccupations de toutes sortes, il n'y a plus de place pour les joies de la famille. »

La malheureuse politique paralysait aussi cette âme ardente aux prises avec d'innombrables difficultés intérieures et extérieures. « Mon pauvre ami, disait-il à l'un des siens, je suis épuisé par une lutte de vingt ans ; mon énergie baisse, et il faudrait pour me galvaniser au moins un rayon dans notre ciel noir, mais ce rayon ne paraît pas. »

Quelques jours après l'ordination sacerdotale du R. P. E. Michel et la première messe célébrée dans la chapelle du collège Saint-Sauveur de Redon, son père reprenait la plume : « J'en suis toujours, mon cher enfant, aux doux souvenirs du 19 et du 20 mai, comme la Sainte Vierge après les événements du premier Noël : « *Conservo hæc omnia conferens in corde meo* ». Ta vocation sacerdotale n'est pas seulement une grâce pour toi, c'est en même temps une grâce et un honneur insignes pour nous qui ne le méritons guère ; mais c'est aussi l'accomplissement d'une promesse renouvelée tous les jours depuis vingt-cinq ans. »

De nouveaux sacrifices allaient être demandés à M. Michel. Il écrivait à sa fille, la Visitandine, le 26 août 1886 : « Ma chère enfant, ton père se réjouit avec toi de la bonne nouvelle : il reconnaît que ta vocation, aujourd'hui assurée, puisque tu vas être admise à la profession, est une grâce et une bénédiction, et il offrira la consommation du sacrifice de sa fille pour le salut de la France et des membres de la famille qui peuvent être en danger de se perdre. Mais tu ne m'en voudras pas, n'est-il pas vrai, si je n'assiste qu'en esprit et de cœur à la cérémonie. L'émotion du 6 juin 1885 [1] n'est pas encore effacée, et je ne me sens pas assez brave pour en affronter une autre plus pénible encore. J'unirai mes prières aux tiennes, à celles de tes frères et sœurs, et je resterai ici avec mes joies de chrétien et mes tristesses de père. » Et, quelques jours après : « C'est de tout cœur, ma chère enfant, que ton père, avant que tu concommes ton, ou, plutôt, notre sacrifice, t'envoie sa bénédiction. Que le bon Dieu, à qui tu te donnes, exauce les prières que je fais pour que tu sois une épouse fidèle et une Visitandine selon son cœur. Je le remercie dans les larmes du choix qu'il a fait de toi pour sa garde d'honneur, et je remets entre ses mains ton âme et ton salut qu'il m'avait confiés au jour de ta naissance. Qu'il fasse fructifier tes travaux et tes vertus et qu'il te préserve, toi et tes compagnes, dans les mauvais jours qui paraissent s'annoncer. »

(1) Allusion à la prise d'habit de la même religieuse : cérémonie à laquelle M. Michel avait assisté.

Quelques années après, un troisième vide s'annonçait au foyer de M. Michel; le Seigneur y avait fait un nouveau choix : « Mon cher Édouard, tu connais les projets de Gabrielle : j'adore et me tais; je ne puis m'empêcher de remarquer que dans peu d'années sur huit enfants il n'en restera plus que deux parmi nous. Une pareille dépopulation est dure pour le cœur d'un père et d'une mère même chrétiens; Gabrielle, du moins, va suivre sa vocation, elle sera heureuse... »

Il nous semble que vouloir commenter ces citations serait les affaiblir. Ici, la pose ne saurait être soupçonnée même par les plus hostiles. Nulle part, à notre avis, M. Michel ne se montre plus grand, plus rayonnant sous le soleil de la grâce divine, qui, seule, inspire ces immolations, et les fait accepter par un cœur généreux et une volonté pleinement adhérente, malgré les cris et les révoltes de la nature atteinte jusque dans ses profondeurs les plus intimes.

CHAPITRE XXI

La Gouesnière

LES DERNIERS JOURS, LA MORT ET LE TESTAMENT

(1891-1893)

C'EST à la Jouvençais, témoin des plus beaux jours de sa jeunesse, que M. Michel devait passer dans le calme, la lecture et les exercices de la piété la plus exemplaire les derniers jours que Dieu lui accordait pour se préparer à la mort. Il retrouvait non loin de lui divers membres de sa famille, et surtout M. Houitte de la Chesnais, dont la fidèle affection et le tendre intérêt n'avaient jamais cessé de le consoler et de le soutenir durant les phases si souvent pénibles de sa laborieuse et rude carrière.

Après quelques semaines d'un repos absolu prescrit par les médecins, M. Michel reprend sa chère plume, et trace des phrases comme celles-ci, où se reflètent parfaitement la sérénité de son âme et sa confiance en Dieu : « La Providence a de meilleurs yeux que nous, je voulais à tout prix, depuis des années, me défaire de cette campagne, dont je redoutais la charge; la Providence ne l'a pas permis, la réservant pour abriter mes vieux jours. Elle savait que la fatigue viendrait plus tôt que je ne pensais et que je serais heureux de trouver un asile calme et pas cher. Je l'en remercie. »

Un autre jour, s'adressant à son fils aîné : « Me voici donc définitivement en retraite; un peu prématurément, car j'aurais voulu travailler jusqu'à mes 70 ans, mais je ne me plains pas de la Providence qui en a disposé autrement. *Parva domus, magna quies!* Et j'en avais grand besoin! »

Dieu réservait à son fidèle serviteur un repos bien autrement complet et un palais bien autrement digne de ses souffrances et de ses vertus que le manoir de la Jouvençais.

Le 25 décembre 1893, M. Michel eut le bonheur de communier à l'église paroissiale ; le dimanche 27, il renouvela ce grand acte de dévotion, et reçut ce jour, sans le savoir, le Viatique du temps à l'éternité.

Le 30 décembre, il accueillait avec joie le R. P. Michel, et l'après-midi, plein d'entrain, il allait faire visite au presbytère et à la noble famille de Kergariou qui l'honorait d'une particulière amitié.

Rentré dans sa demeure, il se met à table avec sa bonne humeur habituelle, lorsque soudain il dit ces mots, articulés avec peine : « Comme mon bras devient lourd ! » On s'empresse autour de lui ; la congestion se déclare et fait en quelques minutes des progrès effrayants. Le médecin ne dissimule pas la gravité du mal ; aussitôt M. l'abbé Revel, recteur de la Gouesnière, qui vénérait son cher paroissien à l'égal d'un confesseur de la foi, se hâte de lui administrer le sacrement de l'extrême-onction. Le malade ne sembla pas recouvrer connaissance pendant cette auguste cérémonie. Son agonie devait se prolonger terrible, huit jours encore. Ses fils accoururent pour soutenir et consoler une mère et une sœur éplorées. M. Michel eut, par intervalles, quelques moments lucides, il reconnut les siens, son dévoué confesseur, et tout son entourage, mais il faisait d'autant plus compassion que ses gestes montraient qu'il se rendait compte de son état désespéré. Ne pouvant murmurer aucune prière, il prit le chapelet des mains de sa fille et le parcourut des doigts avec des signes non équivoques de dévotion. Ce fut, sans doute, la dernière prière de ce pieux serviteur de Marie.

Il y eut, paraît-il, un jour, une lueur d'espoir, mais elle passa fugitive comme l'éclair; une nouvelle congestion avertit tout le monde de l'imminence de la fin prochaine. La journée du mardi 9 janvier fut beaucoup plus calme pour le pauvre moribond. Le mercredi matin 10, à 4 heures 1/2, il poussa trois soupirs distincts et, sans prononcer une parole, rendit sa belle âme à son Créateur, ayant reçu de son fils aîné une dernière absolution.

Après avoir donné les soins convenables à la dépouille mortelle de son chef vénéré, la famille de M. Michel ouvrit le testament; en voici les principaux passages; on y trouvera la digne confirmation de cette grande vie chrétienne :

« Au nom du Père et du Fils et du Saint-Esprit, je déclare que les dispositions qui suivent sont l'expression formelle de mes dernières volontés.

« Je meurs dans la foi de l'Église catholique, apostolique et romaine, entièrement soumis à ses enseignements et à ceux de son Pape infaillible, répudiant toutes les erreurs passées ou présentes qu'ils ont condamnées en matière religieuse, politique ou sociale.

« Mon enterrement devra être très modeste; beaucoup de prières; pas de luxe! Tous mes amis seront priés de faire une communion à mon intention.

« Si je meurs à Saint-Malo, et pourvu que la Révolution n'y mette pas obstacle, je préférerais au corbillard les bras de mes chers ouvriers du Cercle catholique. Qu'ils me donnent, je les en prie, ce dernier témoignage de dévouement, à moi qui les ai tant aimés! Le poids de mon cadavre ne les surchargera pas. Que je ne passe pas par d'autres mains entre la dernière sortie de ma maison et le dépôt de mon cercueil au fond de ma tombe! Pas de monument sur ma tombe; un tertre et la croix en pierre des Cercles catholiques d'ouvriers; rien de plus.

« En quelque endroit qu'arrive ma mort, on m'enterrera dans le cimetière catholique du lieu; je ne veux pas être transporté ailleurs.

. . . .

. . . .

. . . .

« Ma chère Amélie, à toi mon dernier baiser !

« Mes chers enfants, votre père vous bénit et se recommande à vos prières.

« Celle qu'il fait en mourant est pour que vous soyez toujours de vrais enfants de l'Église et de la France !

« Écrit en entier et signé de ma main, à Saint-Malo, le douze septembre mil huit cent soixante-dix-huit.

« P.-A. MICHEL,

« Président du Tribunal de Saint-Malo ».

CHAPITRE XXII

La Gouesnière

LES FUNÉRAILLES — HOMMAGES SUPRÊMES

(1896)

MALGRÉ la rigueur de la saison, malgré l'éloignement et la difficulté des communications, on vit accourir à La Gouesnière quantité d'hommes occupant des places éminentes dans l'Église ou la société pour assister aux funérailles de M. Michel. Elles furent simples et imposantes. Sans doute la foule aurait dû se presser plus compacte derrière le cercueil d'un homme qui avait tant fait pour le peuple malouin, mais l'oubli d'un trop grand nombre était compensé par le souvenir fidèle de M. Torquat, ancien conseiller à la Cour de Rennes; du comte de Kergariou, maire de La Gouesnière; du T. R. P. Le Doré, supérieur général des Eudistes; de M. le chanoine Bourdon, archiprêtre de Saint-Malo, présent malgré les atteintes du mal qui devait l'emporter bientôt. Citons encore parmi les autres notabilités : MM. l'Archiprêtre de Dol, le Curé de Saint-Méloir des Ondes, le Supérieur du collège de Saint-Martin de Rennes et le Supérieur du collège de Redon. Nous ne pouvons omettre non plus de mentionner la présence du vénérable P. Talabardon, protecteur jadis et constant ami du défunt, et de plusieurs anciens élèves de Redon habitant la région.

A Saint-Sauveur, la nouvelle de la mort de M. Michel produisit une vive émotion. Maîtres et élèves comprirent qu'il ne s'agissait pas là d'une perte ordinaire, et il fut décidé qu'on honorerait la mémoire du Redonnais fidèle et dévoué entre tous par la célébration d'un service solennel, qui fut fixé au 17 janvier.

Le journal *Le Maine-et-Loire* rendit le compte suivant de cette émouvante cérémonie :

« Hier, un grand nombre de membres de l'Association catholique des Anciens Élèves du collège Saint-Sauveur de Redon, accourus de tous les points de la Bretagne, de la Vendée et de l'Anjou, venaient se joindre à leurs jeunes camarades dans la gracieuse chapelle du collège pour assister au service solennel que le R. P. Le Doré, supérieur général des Eudistes et président de l'Association des Anciens Élèves, y faisait célébrer pour le repos de l'âme de M. Paul-Alfred Michel.

« Vice-président des Anciens Élèves depuis sa fondation, en 1871, M. Michel avait été réellement la vie et le charme de ses réunions annuelles. Dans ce milieu du collège où il avait grandi, où avaient été élevés ses fils, où il se savait entouré de l'amitié des anciens, de l'affection respectueuse, presque filiale des jeunes; de la confiance absolue de tous, il se sentait à l'aise et se livrait tout entier avec l'entrain et la générosité de sa riche nature. Qui ne l'a pas vu, qui n'a pas assisté à l'une de ces séances qu'il présidait avec tant de fermeté et d'abandon, de simplicité et d'esprit, ne le connaissait pas et ne peut se rendre compte de la véritable popularité dont il jouissait au collège comme parmi les membres de l'Association des Anciens.

« A 10 heures, la chapelle est remplie. Dans le chœur, deux des fils du regretté défunt, Georges et Armand Michel, représentent la famille et s'agenouillent sous cette bannière que l'Association, à la demande de leur père, s'est donnée pour drapeau de ralliement. Les stalles sont occupées par le Père Supérieur Général, les professeurs du collège, beaucoup de Pères Eudistes venus de la Roche du Theil, de Saint-Martin de Rennes et des autres succursales de la maison-mère, et par la plupart des membres du Comité de l'Association. Détail touchant, c'est le R. P. Édouard Michel, professeur de philosophie à Saint-Martin de Rennes, et fils de celui que nous pleurons, qui s'avance à l'autel et célèbre la sainte messe pour le repos de l'âme de son père. Je ne vous dirai rien du recueillement de l'assistance, des chants religieux si remarquablement exécutés, de cette poignante mélodie de Stradella que soupirent le grand orgue, les violons et les basses après les cris d'angoisse et de pitié du *Dies iræ*, si ce n'est que tout était digne du chrétien qui demande à ses amis dans son testament, d'apporter sur sa tombe « non des fleurs mais des prières, beaucoup de prières. »

« Avant l'absoute, le R. P. Le Doré, supérieur général, a rappelé, en quelques paroles émues, quelle avait été l'existence du catholique convaincu dont tous portaient si douloureusement le deuil. Il l'a montré au collège de Redon, de 1842 à 1847, puisant, dans une ferme éducation chrétienne, les principes de conduite, l'énergie du caractère et des convictions, l'amour du devoir poussé jusqu'aux derniers sacrifices, qui devaient être la force et l'honneur de sa vie. Il le suit jeune homme à l'École de droit de Rennes, groupant autour de lui et d'un de ses amis, un autre Redonnais, Jules Evanno, étudiant en médecine, ceux des étudiants qui ne craignent pas d'affirmer sans faiblesse ni respect humain, leur foi et leurs pratiques religieuses ; puis, magistrat dans divers tribunaux de Bretagne, à Châteaulin, à Quimper, à Vitré, à Saint-Malo, ou l'on n'a oublié ni l'activité et le travail consciencieux et facile du jeune substitut ; ni l'éloquence entraînante qui le mettait hors de pair dans les luttes de l'audience, ni la sûreté et la fermeté de la direction, ni la bienveillance du chef de parquet, ni la conscience éclairée, scrupuleuse, toujours en défiance d'elle-même, du président du tribunal demandant avec anxiété au Juge des juges, au pied du crucifix, à la veille d'une décision grave et difficile, la lumière sans laquelle la justice des hommes n'est point un reflet de la justice de Dieu.

« Il nous le fit voir s'indignant que quelques sectaires aient songé à chasser le Christ des prétoires, protestant qu'on l'arracherait plutôt de son siège et tombant noblement, comme tant d'autres magistrats coupables seulement d'avoir toujours rempli leurs devoirs, sans peur et sans reproche. Cette blessure l'avait atteint au cœur et c'est vraiment de ce coup qu'il est mort. Mais il resta debout. Sans fortune, et n'ayant pas songé un instant à transiger pour sauver l'avenir de ses enfants et le pain de ses vieux jours, plein de confiance dans la Providence, il prit sa plume et, bientôt directeur politique du *Journal de Maine-et-Loire*, il continua le bon combat et dans cette nouvelle lutte incessante acheva d'user ses forces. Paul-Alfred Michel, à qui certains ont reproché d'être un *intransigeant*, avait en effet au cœur deux passions qui le possédaient sans partage ; il était tout entier à l'une comme à l'autre, à l'Église et à la France, et n'admettait aucune insulte pour l'une ou pour l'autre. Qui oserait l'en blâmer ?

« N'oublions point le grand exemple que nous donne l'ami que nous pleurons, dit en terminant le Père Général ; prions pour que Dieu reçoive dans son éternel repos celui qui a tout sacrifié ici-bas pour sa gloire et, comme lui, sachons subordonner toutes nos pensées, toute notre vie

à ces deux passions, à ces deux amours : l'Église
et la France.

« Honneur, dirons-nous, à notre tour, à ceux
dont la vie mérite d'être ainsi proposée tout
entière en exemple aux générations qui nous
remplaceront bientôt; mais honneur surtout et
merci aux maîtres chrétiens et français qui, pour
former de tels hommes, se consacrent avec tant
de dévouement à l'éducation des enfants et savent
à la fois cultiver leurs jeunes intelligences, déve-
lopper les heureuses qualités de leurs cœurs, leur
inspirer les nobles passions qui font l'honneur et
la dignité de la vie humaine, et donnent à leurs
volontés et à leurs caractères cette trempe héroïque
qui permet d'affronter tous les combats et d'être
supérieur à tous les coups de la fortune. »

Nous renonçons à citer les témoignages de
condoléances que reçurent de toutes parts les
membres de la famille de M. Michel dans ces
jours de deuil. Un fragment de la lettre du comte
A. de Mun mérite cependant une exception : « Le
nom et le souvenir de votre père, écrit-il au

R. P. Michel, sont restés profondément gravés dans mon cœur liés à la mémoire ineffaçable des plus beaux jours de l'Œuvre des Cercles. » Une seconde exception sera ratifiée par nos lecteurs, en faveur de la lettre de M. Z. Gaudin, le très distingué professeur de rhétorique de tant de générations redonnaises : le cœur de l'ami touchera plus encore que le style du maître. Cette lettre est également adressée au R. P. Michel.

« Des hommes comme M. Michel sont si rares aujourd'hui que leur perte est souvent difficile à réparer et crée des vides qu'on a grand'peine à combler. Dieu veuille que nous n'en fassions pas bientôt la triste épreuve pour notre Association, dont il était l'âme et la vivante personnification. Vous avez vu quels transports excitait sa présence, quelles acclamations accueillaient ses moindres paroles. C'est que tous saluaient en lui non seulement l'homme d'esprit, l'orateur de talent, mais surtout l'homme dévoué, désintéressé, le défenseur intrépide de la vérité, l'ennemi acharné de toutes les compromissions et de toutes les hypocrisies. Nous aimions aussi à saluer en lui l'homme qui avait souffert pour la justice, dout il a été en quelque sorte le martyr, et à ce titre, nous le vénérions quand nous nous entretenions de lui et de sa noble carrière si injustement interrompue. Aussi, mon cher ami, je suis sûr d'être l'interprète des sentiments de tous ceux qui ont connu et aimé votre père, en vous disant cette parole qui, ici, sort de toutes les bouches : « M. Michel, qui a été un modèle d'inébranlable vertu et de perfection chrétienne pendant toute sa vie, en a déjà reçu la récompense. » Cet espoir est notre plus douce consolation, comme elle est aussi la vôtre et celle de toute votre honorable famille. »

La presse ne pouvait manquer de rendre hommage à son tour à la mémoire de M. Michel.

Le *Salut*, de Saint-Malo, par la plume de M. F. Bazin, s'exprimait en ces termes :

« Je ne sais si la mort de M. Michel, ancien président du Tribunal Civil de Saint-Malo, a produit sur la généralité de la population de ce pays une impression bien profonde. Hélas ! le mérite, le dévouement et la vertu sont si facilement oubliés de nos jours, qu'il ne faudrait pas s'étonner outre mesure que cette mort ne passât indifférente. Mais ce que je sais bien, c'est qu'elle a saisi d'une tristesse indicible ceux qui, à travers ses luttes, étaient restés ses amis.

« C'est qu'en effet il était impossible de se lier avec M. Michel sans l'aimer d'une affection à laquelle se mêlait une sorte d'admiration pour cette victime du devoir, qui succomba pour n'avoir voulu reconnaître qu'une règle, sa conscience, et qu'un maître, Dieu. »

Le vaillant journaliste esquisse à grands traits la carrière de M. Michel, et il ajoute :

« Quels faits, quelles circonstances avaient donc attiré au Président du Tribunal de Saint-Malo la colère des dieux maçonniques ? Oh ! c'est très simple : il avait puissamment contribué à fonder à Saint-Malo un Cercle catholique d'ouvriers auquel il avait donné, avec le concours de collaborateurs dévoués, un développement prodigieux. A la

séance d'inauguration, il avait prononcé un discours où il disait : « ..... C'est une lutte implacable entre leur Dieu, qui s'appelle la Jouissance,
et le nôtre qui s'appelle Jésus crucifié ; entre eux,
qui veulent faire de la France une nation en
décadence, et nous qui, en la ramenant à ses
institutions chrétiennes, voulons lui rendre sa
verte jeunesse et l'auréole de sa gloire. Si l'issue
de la bataille pouvait être douteuse, ce serait
assez de l'honneur d'avoir combattu pour de si
grandes choses ! »

« M. Michel prononçait ce discours le 9 septembre 1877. De ce jour, il avait été marqué pour
le sacrifice. Peut-être, moins loyal ou moins fier,
eût-il pu, comme tant d'autres, sentant le danger,
essayer de le détourner ; mais, à ceux qui le lui
auraient conseillé, il eût répondu comme le poète :

> La génuflexion n'est pas mon attitude
> Quand les regards sur moi ne tombent pas d'un Dieu.

« Descendu de son siège de magistrat, il prit
place à la barre du Tribunal, où ses nouveaux confrères l'accueillirent avec le respect et la déférence

dus à l'homme qui succombe pour ses convictions et son indépendance.

« Mais bientôt son instinct de combativité reprit le dessus. Sollicité d'accepter la direction d'un important journal de l'Anjou, le *Maine-et-Loire*, dont les inspirateurs occupent les premières places au Sénat, M. Michel se laissa tenter, et, après quelques hésitations, il partit.

« Et alors on le vit se jeter dans la mêlée politique avec l'ardeur de son esprit primesautier et de son âme généreuse. Pendant sept ans il mena la vie ardente du lutteur, usant sa santé, faisant face de tous côtés à l'ennemi, brûlant — on peut le dire — la chandelle par les deux bouts, se sentant petit à petit mourir et caressant en secret l'espoir ambitieux de mourir sur la brèche, comme le clairon légendaire, en sonnant le dernier tralala de la dernière charge.

« Une fois il tomba, puis deux ; mais il travaillait pour sa famille et pour Dieu... A peine relevé, il reprit la plume, et il fallut user d'autorité et, en quelque sorte, de violence pour la lui

arracher : « Vous vous tuez, lui dit-on enfin ;
c'est assez nous avoir donné de vous-même...
Allez goûter un repos que vous avez noblement
gagné. »

« Quand des hommes comme celui-là s'arrêtent
sur le chemin de la vie, c'est pour mourir. Il le
savait, se soumit quand même et vint se retirer
avec sa famille sous les ombrages de la Jouvençais,
en la Gouesnière, où il vécut un peu plus d'un
an dans la douce paix de la famille, dans la
tendre piété du foyer chrétien, entouré d'affection,
de soins et de respect.

« C'est là que la mort, lente, miséricordieuse,
est venue le frôler du bout de son aile. C'était la
veille du premier jour de l'an, et il était au milieu
des siens, causant avec son esprit toujours étince-
lant, heureux de voir autour de lui ses enfants et
en particulier, son fils aîné, arrivé de Rennes le
jour même pour lui apporter ses vœux. Hélas !...

« J'ai parlé de M. Michel magistrat, homme
d'Œuvres, journaliste, père de famille. Je serais
impardonnable si, au nom de ses amis qui le

pleurent à l'égal d'un frère, je ne disais ce qu'il fut pour eux : aimable, bienveillant, simple, de bon conseil, disant la vérité à tous sans détour — à eux surtout, — et, en même temps, compagnon gai, caustique, spirituel, entraînant, menant une causerie comme un autre mènerait un assaut.

« Voilà l'homme que nous avons perdu et qu'au moment où j'écris ces lignes on emporte de la Jouvençais vers la petite église de la Gouesnière, qui a entendu ses dernières prières. et reçu les derniers élans de sa foi.

« Qu'il repose dans la paix du Seigneur, en ce cimetière voisin de sa demeure où ira souvent le visiter, avec la tendre vénération de sa famille, le souvenir fervent et impérissable de ses amis. »

Le *Journal de Maine-et-Loire* devait lui aussi un salut d'honneur à son ancien chef politique, il l'envoya en ces termes :

« Que dire mieux de cet excellent et très honnête homme, que ce que j'en ai déjà dit ? Je ne saurais mieux faire que de rappeler les lignes que je lui consacrais quand je fus appelé à le remplacer au *Journal de Maine-et-Loire*. J'écrivais alors :

« M. Michel est de ceux qui honorent le journalisme par la rectitude de leur existence, par l'unité et la sincérité de leurs convictions. Il était président du tribunal de Saint-Malo, lorsque la République, désireuse d'avoir des magistrats plus souples et dociles qu'indépendants, commit cette iniquité qu'elle a osé nommer l'épuration de la magistrature. Ses opinions, sa foi religieuse, son inébranlable intégrité désignaient M. Michel comme une des premières victimes de cette mesure. Il fut donc mis prématurément à la retraite.

« C'est alors qu'il entra dans le journalisme, au *Journal de Maine-et-Loire*, où il pouvait conserver intactes et affirmer toutes ses convictions intimes. »

« Pendant sept années il s'adonna tout entier à ce dur labeur du journalisme. Il se dépensa sans compter, avec une ardeur, une chaleur, une sincérité qui doublaient ses fatigues quotidiennes.

Sa santé fut profondément ébranlée par ce surmenage et ni le repos, ni les soins d'une famille chérie ne purent enrayer le mal auquel il vient de succomber. Il laisse aux siens et au monde, l'exemple d'une vie d'honneur et de travail, d'une vie conduite sur une seule ligne, droite, dirigée par un seul guide, une conviction profonde aussi bien religieuse que politique.

« Ces existences deviennent de plus en plus rares. Le *Journal de Maine-et-Loire* salue donc respectueusement celle de M. Michel et prie sa famille de vouloir bien agréer l'expression de sa douloureuse sympathie dans le malheur qui la frappe. »

La *Croix de Rennes* voulut à son tour payer tribut à la mémoire de M. Michel :

« Nous avons appris la mort de M. P.-A. Michel, ancien président du tribunal civil de Saint-Malo, et au moment où il vient de descendre dans la tombe, ou plutôt d'entrer dans les splendides clartés du ciel, nous voulons saluer ce vaillant de notre admiration émue et de nos douloureux regrets.

« Oui, vaillant il l'était, par son esprit ouvert aux grandes pensées, aux généreuses aspirations, par la fermeté de son caractère, son inébranlable courage. C'était un de ces chrétiens antiques qui, dans nos jours troublés, donnent l'exemple et montrent le droit chemin.

« Aussi était-il désigné d'avance aux coups des sectaires qui ont déc021ronné notre magistrature en frappant sans pitié ces hommes intègres, l'honneur de notre pays, qui voulaient rendre des arrêts et non des services, en gardant entières les vieilles traditions de l'honneur. »

ÉPILOGUE

Notre tâche est terminée. Des citations nouvelles seraient surperflues et risqueraient de n'être pas lues. L'homme est ainsi fait qu'il se fatigue de tout, même du grand et du beau. Le paysan d'Athènes se lassait d'entendre appeler Aristide, le Juste. Nous craignons de provoquer parmi nos lecteurs une exclamation de même nature ; car cent fois nous avons dit du personnage auquel est consacré ce volume : « C'était un vaillant ! C'était un homme d'honneur ! C'était un homme d'action ! C'était un chrétien convaincu. » Nous avons couru sans cesse, nous semble-t-il, aux preuves, aux faits, aux documents authentiques, et ce sera, au besoin, notre justification et notre excuse. Grande serait notre récompense, si quelques-uns de ceux qui croyaient suffisamment connaître M. Michel avant cette publication fermaient le livre en disant avec nous : Décidément cet homme n'était pas le premier venu. Sa mémoire méritait d'être fixée, son exemple valait la peine d'être proposé aux générations qui passent, car au poste où Dieu l'avait placé il fut constamment un Bayard de la parole et de la plume sans peur et sans reproche.

TABLE DES MATIÈRES

—

PAGES

Introduction   1

CHAPITRE PREMIER

Sainte-Anne d'Auray et Saint-Sauveur de Redon.
— L'Enfant et l'Écolier (1828-1847)   1

CHAPITRE II

Rennes et Lorient. — L'Étudiant en droit. Le Stagiaire (1847-1856)   15

CHAPITRE III

CHATEAULIN ET QUIMPER. — Les Débuts dans la magistrature (1856-1865). 23

CHAPITRE IV

VITRÉ. — Les Débuts dans la vie politique (1865-1870). 33

CHAPITRE V

SAINT-MALO. — Le Procureur. L'Écrivain (1870-1874). 39

CHAPITRE VI

SAINT-MALO. — Le Président du Tribunal civil (1874). 47

CHAPITRE VII

SAINT-MALO. — Le Fondateur du Cercle catholique ouvrier (1875) 63

CHAPITRE VIII

SAINT-MALO. — L'Organisateur du Cercle catholique (1875-1876) 81

CHAPITRE IX

SAINT-MALO. — La Conférence sur l'Association (1876).   91

CHAPITRE X

SAINT-MALO. — Progrès du Cercle. Inauguration du nouveau local (1877) 109

CHAPITRE XI

SAINT-MALO. — Relations extérieures. Les Conférences. La Réunion de Laval (1878) 151

CHAPITRE XII

SAINT-MALO. — L'Apogée du Cercle. Sa Fermeture (1878-1880) 167

CHAPITRE XIII

REDON. — Le Vice-Président de l'Association catholique des Anciens Élèves du Collège Saint-Sauveur (1871-1893) 179

CHAPITRE XIV

REDON. — Les Toasts prononcés à l'époque des Décrets et de l'Article 7 de la Loi Ferry (1879-1881). . . . 191

CHAPITRE XV

REDON. — Discours choisis (1885-1888) 209

CHAPITRE XVI

REDON. — Derniers Services rendus à l'Association des Anciens Élèves et au Collège Saint-Sauveur (1892-1893) 225

CHAPITRE XVII

SAINT-MALO. — La Révocation de M. Michel (1883). 233

CHAPITRE XVIII

SAINT-MALO ET REDON. — Hommages publics au magistrat révoqué (1883). 249

CHAPITRE XIX

ANGERS. — Le Journaliste (1885-1891). 261

CHAPITRE XX

SAINT-MALO ET ANGERS. — Le Chrétien dans la vie de famille. Correspondance intime. 269

CHAPITRE XXI

La Gouesnière. — Les Derniers Jours. La Mort et le Testament (1891-1893) 283

CHAPITRE XXII

La Gouesnière. — Les Funérailles. Hommages suprêmes (1893) 291

Épilogue 309

Achevé d'imprimer

le vingt septembre mil huit cent quatre-vingt quinze

Par FRANCIS SIMON

SUCCESSEUR DE A. LE R...

IMPRIMEUR BREVETÉ

A RENNES